A
B

AF473010

LA VÉRITÉ

SUR

LE HONDURAS

Étude historique, géographique, politique et commerciale

SUR

L'AMÉRIQUE CENTRALE

« Telle est la richesse du sol qu'on
» peut y faire chaque année trois
» récoltes de céréales, notamment du
» maïs qui rend de cent à cinq cents
» pour un; toutes les productions des
» climats chauds et tempérés y pros-
» pèrent.

» Sur les plateaux et à l'intérieur
» règne un printemps continuel. Les
» fruits comme les autres produits
» de la terre s'y succèdent sans in-
» terruption. »

Louis-Napoléon Bonaparte.

PAR

Gustave DE BELOT

Prix : **50** cent.

PARIS.
AU BUREAU DU JOURNAL DES CONSULATS
11, rue Saint-Lazare, 11
ET CHEZ TOUS LES LIBRAIRES

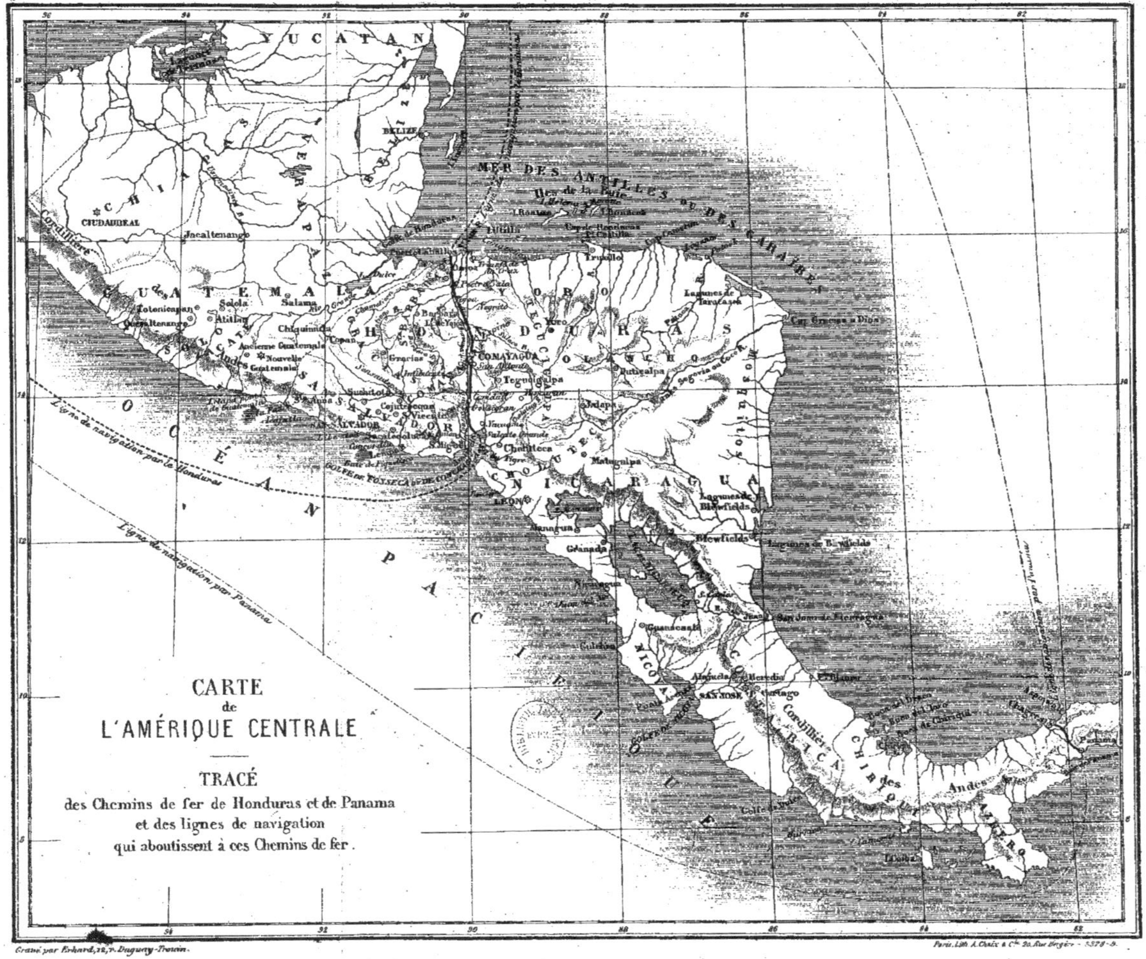

CARTE
de
L'AMÉRIQUE CENTRALE

TRACÉ
des Chemins de fer de Honduras et de Panama
et des lignes de navigation
qui aboutissent à ces Chemins de fer.

YUCATAN
MER DES ANTILLES OU DES CARAÏBES
GUATEMALA
HONDURAS
SAN SALVADOR
NICARAGUA
COSTA RICA
OCÉAN PACIFIQUE
Ligne de navigation par le Honduras
Ligne de navigation par Panama

Gravé par Erhard, 12, r. Duguay-Trouin.

Paris. Lith. A. Chaix & Cie. 20, Rue Bergère.

CARTE DES VOIES DE COMMUNICATION PAR LE HONDURAS (AMÉRIQUE CENTRALE)

Nombre de jours nécessaires pour les voyages suivants :	PAR PANAMA	PAR HONDURAS	DIFFÉRENCE EN FAVEUR DE HONDURAS
	Jours.	Jours.	Jours.
De **Saint-Nazaire** à **San-Francisco** (Californie).	33	28	5
— **Sidney** (Australie) . . .	48	45	3
— **Yokohama** (Japon)	54	49	5
— **Shanghaï** (Chine). . . .	58	54	4
— **Hongkong** —	62	59	3
	PAR SUEZ		
De **Paris**. . . . à **Sidney**.	53	45	8
— **Yokohama**.	55	49	6

La ligne par le Honduras desservira également la Nouvelle-Grenade, l'Equateur, le Pérou et le Chili.

La route de New-York pour San-Francisco par Panama est de **9,730** kilomètres tandis que par le Honduras elle n'est que de . . . . **8,074** » Il y a donc une différence de . . . . **1,656** kilomètres en faveur de la ligne de Honduras, ce qui économise de cinq à six jours de trajet maritime. Il est donc certain que la route par le Honduras est la plus courte, la moins coûteuse et la moins dangereuse entre l'Europe et la Californie, la Chine, le Japon et l'Australie.

Les gouvernements de France, d'Angleterre et des États-Unis ont garanti la neutralité du chemin de fer par le Honduras.

LA VÉRITÉ

SUR

LE HONDURAS

Étude historique, géographique, politique et commerciale

SUR

L'AMÉRIQUE CENTRALE

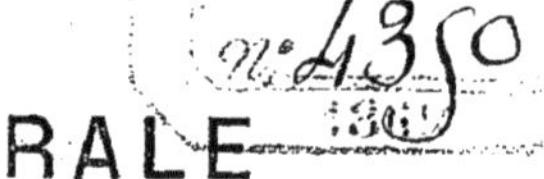

« Telle est la richesse du sol qu'on
» peut y faire chaque année trois
» récoltes de céréales, notamment du
» maïs qui rend de cent à cinq cents
» pour un; toutes les productions des
» climats chauds et tempérés y pros-
» pèrent.
» Sur les plateaux et à l'intérieur
» règne un printemps continuel. Les
» fruits comme les autres produits
» de la terre s'y succèdent sans in-
» terruption. »

LOUIS-NAPOLÉON BONAPARTE.

PAR

Gustave DE BELOT

Prix : **50** cent.

PARIS.
AU BUREAU DU JOURNAL DES CONSULATS
11, rue Saint-Lazare, 11
ET CHEZ TOUS LES LIBRAIRES

TABLE DES MATIÈRES.

IMPRIMERIE CENTRALE DES CHEMINS DE FER. — A. CHAIX ET Cie, RUE BERGÈRE, 20, A PARIS. — 7108-9

LA VÉRITÉ

SUR

LE HONDURAS

CHAPITRE Ier.

Pourquoi écrivons-nous cette brochure ?

On lance un emprunt; tous les murs de Paris sont couverts de grandes affiches jaunes, reproduisant à l'envi le nom du Honduras.

Le capital français a subi malheureusement de rudes atteintes; des cataclysmes sans nombre ont surpris sa crédulité. Nous avons donc cru devoir prendre la plume pour esquisser à grands traits, mais avec exactitude, ce que nous avons vu, ce que nous avons appris sur le Honduras.

Notre étude pourra sembler aride, fastidieuse peut-être; mais à coup sûr elle est honnête et vraie.

Que voulons-nous faire connaître ? Le Honduras; et, pour

tout entier ; et cependant, est-il possible que la race latine, cette aînée de la civilisation européenne, reste constamment en arrière dans la voie commerciale; que l'Allemagne, l'Italie, la France, la Belgique, l'Espagne, ces pays gratifiés par la nature de positions géographiques admirables, ne prennent pas leur part légitime dans ce mouvement d'échanges auquel n'échappera désormais aucun point du globe? Est-ce à dire enfin que la marine prussienne, nouvelle venue dans le monde de l'activité humaine, ne trouvera pas même quelques épis à glaner, que nulle fée ne la dotera seulement de l'espérance à son berceau?

L'infériorité commerciale des races européennes paraît plus grande encore quand on passe des considérations générales à l'examen des chiffres. Voyons seulement la situation de la France, dont le commerce domine celui des autres puissances du continent européen; sa marine marchande est à celle de l'Angleterre comme 1 est à 6, à celle des Etats-Unis comme 1 est à 12; en 1840, les navires français avaient exporté et importé des marchandises pour 3 milliards 600 millions; en 1860, le mouvement avait presque doublé; il était de 6 milliards 800 millions. Mais que les Anglo-Saxons ont bien autrement progressé ! Le mouvement commercial de la Grande-Bretagne a triplé, entre ces deux époques; de 8 millions de tonneaux, il a passé à 24 ; celui des Etats-Unis a quadruplé ; il a passé de 2 à 8 millions.

En présence d'une situation pareille, on est, comme l'honorable représentant dont nous citions les paroles, tenté de croire à des obstacles insurmontables, à une infériorité native, qui, nous interdisant la lutte, ne nous laisserait d'autre perspective que de carguer nos voiles, faire des yachts de plaisance de nos vaisseaux marchands et attendre, en nous croisant les bras, le bon plaisir des armateurs de Liverpool et de New-York.

Heureusement il n'en est pas ainsi. Nous croyons que les peuples d'origine latine ont toujours possédé à un degré éminent le génie des transactions et du commerce international.

Un rapide coup d'œil historique le fera facilement comprendre d'ailleurs, et ce que nous avançons le prouve : tandis que les Américains du Nord cherchent vainement à creuser le canal du Darien, tandis que les Anglais restent indifférents, sinon hostiles, à l'admirable œuvre du canal de Suez, nous, Européens latins, nous trouvons les routes vraies et sûres; le chemin de fer du Honduras, l'isthme de Suez, voilà le vrai chemin qui va permettre de faire le tour du monde avec une rapidité et une sécurité inconnues jusqu'à nos jours.

Le canal de Suez, le chemin de fer du Honduras, sont deux œuvres nationales et humanitaires qui vont affirmer au monde étonné le réveil de la puissanee du vieux continent; désormais la doctrine Monroë disparaît, l'Europe n'est plus exclue de ce nouveau monde qu'elle a arrosé de son sang, elle y prend sa place et plante le drapeau de la neutralité au Honduras.

Le commerce européen fut d'abord le partage presque exclusif de l'Italie et surtout de la république de Venise; les produits de l'Asie, les armes de Damas et les étoffes précieuses des Indes, les épices mêmes des îles lointaines de l'Océanie (1), s'emmagasinaient dans les villes du littoral

---

(6) Quand Alaric fixa la rançon de Rome, il y comprit dix

de l'Adriatique, qui formaient les établissements de terre ferme de la république ; d'intrépides marchands les transportaient de là, avec mille efforts, à travers les montagnes de la Suisse jusqu'au Rhin, la grande artère commerciale de l'Europe du moyen âge ; des radeaux immenses descendaient ensuite le fleuve, distribuaient à droite et à gauche ces produits précieux venus de si loin et qu'on payait parfois au poids de l'or. Paris s'approvisionnait à Troyes ; le grand entrepôt de la France du Nord, l'Angleterre elle-même, était tributaire des ports de la Flandre occidentale, où elle allait chercher les produits des Indes dont elle monopolise aujourd'hui le transit.

Ainsi, pendant des siècles, l'Italie fut une pépinière de hardis marins, de marchands intrépides et intelligents, qui servaient de trait d'union entre l'Europe et l'Asie, entre le monde musulman et le monde chrétien ; leur situation était cependant pleine de périls ! car la Méditerranée, leur unique chemin, voyait ses eaux ensanglantées dans des luttes sans merci, ou rougies aux feux des incendies des galères pisanes, vénitiennes ou génoises, tandis que les vaillants matelots italiens étaient chargés de fers et emmenés dans les prisons de Damiette ou de Saint-Jean-d'Acre.

Mais bientôt de tels désastres allaient cesser, une grande révolution allait se produire dans le monde maritime ; un Portugais, Gama, un Italien, Colomb, découvrent des terres et des passages inconnus ; le Portugal établit de nouveaux comptoirs dans les Indes, tend la main aux populations com-

---

mille livres de poivre. Par quel chemin ce produit des Moluques arrivait-il en Occident? Nul ne l'a jamais su.

pactes et civilisées de la Chine et du Japon, colonise les solitudes du Brésil où règne un printemps éternel ; l'Espagne conquiert deux grands empires, celui du Mexique et celui du Pérou ; ses vaisseaux naviguent dans le Pacifique sous les yeux étonnés des Indiens; elle lutte d'énergie et d'audace dans les découvertes avec la patrie de Vasco de Gama; le Saint-Père est obligé d'intervenir, et, par une ligne fictive qui passe près des îles Açores, partage la moitié du globe entre les deux nations rivales.

Quand Élisabeth songea enfin à réclamer la part de l'Angleterre dans cette immense curée, le Danemark et la Hollande, deux petits peuples, déjà grands par leur activité commerciale, étaient depuis longtemps descendus dans la lice.

Un siècle après, la France, grâce à Colbert, l'Angleterre, grâce à Cromwell, dominent sur l'Océan et trouvent encore, malgré les grands travaux du siècle précédent, des pays nouveaux à coloniser. Malheureusement, ces deux nations rivales continuent dans les contrées lointaines leurs terribles luttes, luttes sanglantes alors, heureusement aujourd'hui pacifiques, et auxquelles, pour leur faible part, les auteurs de ces pages viennent se mêler à l'heure présente.

Comment la race anglo-saxonne, mêlée la dernière à ces mémorables événements, est-elle devenue puissante à ce point qu'elle possède aujourd'hui la plupart des grandes voies interocéaniques et impose ses lois commerciales au reste de la terre?

Hélas! elle a recueilli les épaves d'un grand naufrage!

La monarchie française avait vieilli, les rois régnaient, mais ne gouvernaient plus, leurs maîtresses s'en chargeaient pour eux ; du fond de l'alcôve, suivant leurs caprices, elles envoyaient les flottes des Antilles à Pondichéry, nommaient ou destituaient le gouvernement des Florides ou celui des Indes ; et, quand le peuple indigné renversa les institutions décrépites de l'ancien régime, il était trop tard; nos colonies étaient la proie de l'Angleterre, et la France, occupée à défendre sa propre liberté dans une guerre sans merci, ne pouvait songer à les reconquérir. Vainement elle crut écraser sa rivale en dominant le reste de l'Europe par le blocus continental! Cet effort gigantesque permit à l'Angleterre d'absorber celles des colonies hollandaises, espagnoles et danoises, qui étaient à sa convenance.

L'allégorie vieillotte du trident de Neptune, gravée sur les monnaies britanniques, devint une vérité.

Pourquoi l'infériorité commerciale du reste de l'Europe vis-à-vis des Anglo-Saxons continuerait-elle plus longtemps ?

Pourquoi les peuples qui, faute de colonies, n'ont pu lutter dans la voie des échanges contre l'Angleterre, ne feraient-ils pas d'héroïques efforts pour s'affranchir d'une exploitation hautaine et de plus en plus envahissante ?

Les Vénitiens qui prirent Constantinople, les Portugais que conduisait Gama, les Espagnols qui suivaient Colomb ou Magellan, les intrépides pionniers que Colbert envoyait au Canada ou à Saint-Domingue, étaient tous des hommes de race latine, énergiques, cherchant volontiers la fortune au milieu des périls de la guerre dans des climats nouveaux et meurtriers; leurs petits neveux seraient-ils dégénérés à ce point qu'ils ne pussent enfin leur ressembler?

La France, gouvernée par un Napoléon, est respectée comme au temps de Louis XIV dans les pays les plus reculés; le Portugal, sous l'impulsion donnée depuis longtemps par des princes appartenant à une dynastie intelligente et aimée, voit son commerce s'accroître et se prend à rêver à sa gloire d'autrefois ; l'Italie s'étend libre et puissante des Alpes à l'Adriatique, et le roi galant homme épouse Venise comme les doges au temps de la république ; l'Espagne, cette terre bénie, qui contient dans son sein la fortune de plusieurs royaumes, sillonnée enfin de chemins de fer, crée son industrie et ne peut tarder à exporter la surabondance de ses produits ; enfin, au Nord de l'Allemagne, sur des vaisseaux à peine sortis des chantiers, la Prusse déploie son pavillon qui, lui aussi, demande à couvrir des produits nationaux, à flotter sur des terres échappées encore à l'ardeur civilisatrice des Européens.

Les temps ne sont-ils pas venus d'affranchir l'Europe d'une tyrannie séculaire ?

Le triomphe des doctrines du libre-échange, le plus grand événement du dix-neuvième siècle, en faisant disparaître toutes les barrières, en rendant les mers libres, en transformant en un combat loyal, à ciel ouvert, les vieilles rivalités, appelle tous les pays à la grande lutte du commerce et de l'industrie.

Mais, si la situation est nouvelle, il faut employer des moyens nouveaux et remplacer le vieux système, désormais vermoulu.

Nous venons donc proposer à la France, aux autres pays du continent ensuite, un moyen puissant d'augmenter à l'avenir, dans des proportions incalculables, leur commerce d'exportation avec l'autre hémisphère.

Le Centre-Amérique étant, suivant nous, le point où il faut frapper la puissance commerciale de nos rivaux, la plus grande partie de cette étude sera consacrée à l'examen de la topographie, de la situation politique, des ressources inépuisables de cette belle contrée trop peu connue en Europe.

Nous arriverons ensuite à l'exposition de notre projet, que nous présentons avec la foi la plus ardente, la plus profonde conviction.

Coloniser l'Amérique centrale et surtout le Honduras, transporter dans ce splendide pays et l'industrie et le capital du vieux continent, telle est la grande tâche réservée aux Européens jaloux de la gloire de leur pays, de son avenir commercial et de sa sécurité en temps de guerre.

L'heure si longtemps attendue va sonner, le pic va entamer le granit des Cordillières et ouvrir à notre industrie la route du Pacifique ; la Chine, l'Indo-Chine et l'Australie attendent comme nous le chemin de fer interocéanique.

CHAPITRE II.

Géographie physique. — Les habitants. — Mœurs des Indiens.

Lorsqu'on embrasse d'un coup d'œil la carte du Nouveau-Monde, on est frappé de sa division en deux grands continents qui ont leur versant principal sur l'Atlantique : l'un tout entier habité par des populations d'origine espagnole, l'autre occupé en grande partie par la race anglo-saxonne.

Ces deux masses continentales, séparées par deux grandes mers, la mer des Antilles et celle du Mexique, sont pourtant soudées par un isthme de forme irrégulière, dont la partie la plus resserrée est à Panama. C'est cet isthme qu'on désigne géographiquement sous le nom de Centre-Amérique.

Le Centre-Amérique est d'une superficie de près de 27,000 lieues carrées, presque la grandeur de la France. Il est resté presque inconnu jusqu'au moment où l'extension des colonies australiennes, celle des républiques du Sud et la découverte des mines de la Californie eurent démontré au commerce la nécessité d'une route plus courte et moins dangereuse que celle du cap Horn.

Alors seulement l'esprit d'entreprise, qui tourmente et vivifie notre époque, s'est porté vers cette partie du globe, et les projets d'entrepôts de marchandises des deux mondes, de canaux, de chemins de fer, ont fait connaître à l'Europe le Centre-Amérique.

Le Centre-Amérique est divisé en deux parties par la chaîne des monts volcaniques qui traverse du nord au sud le nouveau continent. La chaîne projette, à droite et à gauche, des contre-forts entre lesquels se développent de riches vallées et coulent de grands fleuves qui déversent leurs eaux dans l'un ou l'autre Océan.

Cinq républiques, le Guatemala, le Honduras, le Salvador, le Nicaragua et le Costa-Rica, composent politiquement le Centre-Amérique.

La république de Honduras comprend le territoire autrefois désigné par le même nom de province, lors de la domination espagnole.

Elle est bornée au nord et à l'est par la baie de Honduras et la mer Caraïbe. Elle présente un développement de côtes de 500 kilomètres, depuis Truxillo jusqu'au cap Gracias à Dios.

Au Sud elle est bornée par le Nicaragua ; la frontière est formée par le Rio-Wanks et le Rio-Negro, qui se jette dans la baie de Fonseca, sur le Pacifique. L'étendue des côtes sur le Pacifique n'est que de 40 kilomètres. Le Guatemala et le Salvador bornent le Honduras à l'ouest et au sud-ouest.

La superficie de la république du Honduras est d'environ 60,000 kilomètres carrés.

Le pays est en général montagneux ; il est traversé par la Cordillière, qui s'y affaisse insensiblement pour se relever de même un peu plus loin, de sorte qu'elle laisse dans l'intervalle de cet affaissement comme une large brèche. De ce point culminant, par rapport aux deux Océans, descendent en sens opposé deux rivières qui se dirigent, l'une vers l'Atlantique, l'autre vers le Pacifique. La première est le Rio-Humaya; la seconde est le Rio-Goascoran. Ces deux cours d'eau forment chacun une large vallée et ces deux vallées bout à bout n'en forment en réalité qu'une seule. On conçoit toute l'importance de cette disposition topographique. De l'Atlantique au Pacifique une large route ouverte; pas d'escalade par les monts; pas de percement à effectuer pour aller en ligne droite; la montagne s'abaisse d'elle-même.

Le Honduras est sillonné par de nombreux cours d'eau. Au nord, le golfe reçoit le Chamelicon, l'Ulua, l'Aguan et le Wanks; au sud, la baie de Fonseca reçoit le Choluteca, le Nacaome et le Goascoran.

Le fleuve le plus important est l'Ulua. Il arrose le Honduras dans sa plus grande longueur. Il est navigable en tout temps pour les embarcations légères, et, dans la saison des pluies, jusqu'au confluent du Santiago, pour les bâtiments d'un tirant d'eau moyen. Des travaux peu dispendieux le rendraient navigable sur tout son parcours. Ses affluents sont l'Humaya, le Santa-Barbara et le Sulanco.

Le Rio-Aguan, qui vient en seconde ligne, se jette dans la baie de Honduras, à peu près à la hauteur de Truxillo. Ses bords sont d'une fertilité sans pareille et renferment des richesses minérales exceptionnelles.

Le Patuca reçoit divers affluents, entre autres le Guayape et le Guallambre : ces derniers cours d'eau charrient de l'or en abondance.

Le Rio-Wanks, quis'appelle aussi Segovia, Herbias, Coco, se jette au cap Gracias à Dios. Il sépare le Honduras du

Nicaragua ; son parcours n'est pas moindre de 400 kilomètres ; mais il n'est pas navigable sur une longueur de 300. Les Indiens seuls s'y hasardent sur leurs pirogues.

Le Choluteca est le plus important des cours d'eau qui se jettent dans le Pacifique.

Le Honduras possède quelques lacs ; celui de Yojoa est le plus grand ; il a environ 25 kilomètres de long sur 10 kilomètres de large.

La baie de Fonseca est le point le plus favorisé de tout l'Océan Pacifique. Elle s'enfonce de 75 kilomètres au moins dans l'intérieur des terres. Son entrée est dominée de chaque côté par un volcan. Au delà, le pays est d'une admirable fertilité.

Dans la baie se trouvent d'excellents ports et des mouillages sûrs ; les rades sont profondes et peuvent recevoir tous les navires. La baie de Fonseca offre d'ailleurs à la marine ce rare avantage que sur ses bords on trouve tous les matériaux nécessaires à la construction ou au radoubage des vaisseaux.

Sur l'Océan Atlantique les principaux ports sont Truxillo, Omoa et Puerto-Caballos.

Dans le golfe même de Honduras est un groupe d'îles, dites îles de la Baie ; ces îles ont un sol fertile, un climat très-sain et des ports excellents.

Le Honduras est divisé en sept départements : Comayagua, Tegucigalpa, Choluteca, Santa-Barbara, Gracias, Yoro et Olancho.

La population totale de l'Etat est de 450,000 habitants, non compris les tribus indiennes très-nombreuses. La superficie étant de 60,000 kilomètres carrés, la moyenne est de 6 habitants par kilomètre carré.

Le département le plus peuplé est celui de Tegucigalpa qui, pour une superficie de 1,800 kilomètres carrés seulement, compte 60,000 habitants, soit 34 environ par kilomètre carré. Le département le moins peuplé est celui du Yoro; il a 20,000 kilomètres carrés de superficie et 20,000 habitants seulement, c'est-à-dire un par kilomètre carré.

Ce qui fait la richesse du département de Tegucigalpa, ce sont des mines parmi lesquelles il faut citer celles d'or et d'argent de Yuscaran, de Saint-Antoine, de Sainte-Lucie, de Saint-Jean-Tantaranas. La ville de Tegucigalpa, chef-lieu du département, est la plus grande de l'Etat. Elle possédait autrefois de nombreux couvents, et elle eut une Université dont la gloire, aujourd'hui déchue, fut jadis célèbre dans l'Amérique centrale.

Le département du Yoro ne possède que des forêts d'acajou, dont une partie est exploitée. Il est destiné à un riche avenir, quand les communications seront rendues faciles.

C'est dans le département de Gracias, près du bourg de Virtud, que se trouve la grotte de sang. Cette grotte offre un attrait piquant à la curiosité. De sa voûte dégoutte du sang, et ses eaux, qui s'écoulent dans une rivière voisine, se distinguent des eaux de celle-ci par leur couleur rouge. On voit même les vautours et les autres oiseaux voler sans cesse autour de la grotte et s'y désaltérer dans ses eaux. Au goût et à l'odorat on jurerait que c'est du sang véritable. Un voyageur essaya d'en emporter dans une bouteille pour soumettre le liquide à l'analyse; le liquide fermenta et fit éclater la bouteille. Il n'est pas besoin de dire que plus d'une légende a été faite sur ce singulier phénomène.

(Nous avons emprunté une grande partie de ces détails géographiques à notre ami M. Henri de Suckau).

Population. — Mœurs.

Les mœurs des populations du Honduras méritent sur bien des points l'attention de l'observateur européen.

La classe des Ladinos, issus du croisement de la race conquérante et de la race indigène, est de beaucoup la plus nombreuse. La race blanche pure ne forme qu'un cinquième environ de la population ; il y existe aussi des mulâtres, mais en petit nombre.

L'Indien pur sang est nombreux et peuple les montagnes.

Le Hondurien est énergique, facile, liant. Il pratique volontiers l'hospitalité avec une générosité toute écossaise ; d'une remarquable sobriété, sa nourriture se compose de *tortillas* ou gâteaux de maïs cuits sur une plaque de tôle.

Dans les villes, on retrouve l'art culinaire européen, les agréments de la vie et le luxe et le comfort de nos grandes cités.

Tegucigalpa est la ville la plus importante et la plus riche ; sa population, d'environ 30,000 âmes, est essentiellement composée de blancs, dont le luxe et les maisons rappellent l'ancien monde. Dans les ports d'Omoa et de Trujillo on trouve de véritables colonies européennes. Les Anglais y abondent.

Depuis quelque temps surtout, les Américains du Nord se portent en masse au Honduras ; avec leur habileté et leur tact commercial, ils comprennent que là est la fortune assurée avec le travail ; leur colonie devient de plus en plus nombreuse.

Ce courant, du Nord au Sud, s'explique. La meilleure partie des terres fertiles des États-Unis est aujourd'hui concédée.

L'augmentation gigantesque de la population a permis d'occuper rapidement les bonnes concessions; aujourd'hui la facilité des communications, la prodigieuse fertilité du sol, la douceur du climat, tout séduit l'Américain du Nord, qui ne saurait trouver dans la mère-patrie les avantages qu'il demande aux tropiques.

Le peuplement du Honduras s'accomplit donc avec une rapidité qui sera décuplée par la nouvelle voie ferrée ; mais revenons aux indigènes, et parlons-en longuement, car cette population, au point de vue économique, a bien son importance.

Les groupes d'Indiens dont nous nous occupons ne sont soumis ni à l'impôt ni au service militaire ; seulement, dans certaines circonstances, ils fournissent à l'Etat des hommes que l'on emploie soit à transporter des fardeaux, soit à réparer les voies de communication. Ils reconnaissent pleinement l'autorité civile, à l'exception de ceux du Mosquitos, qui suivent les anciennes traditions et n'ont aucune notion des lois de la république. Cependant le Code Napoléon, accepté dans l'Amérique centrale avec de légères modifications, ne régit pas souvent les rapports des Indiens entre eux. Ils défèrent toutes leurs contestations à leur chef, appelé Ahueles. Les caciques doivent être âgés d'au moins quarante ans, et posséder une profonde expérience; ils jugent sans appel. — Cette habitude patriarchale ne nous semble pas devoir être abandonnée de longtemps, car il est sans exemple qu'on ait appelé à la justice hondurienne d'un jugement rendu par le cacique.

Les aborigènes du Honduras forment un grand nombre de tribus.

Dans les départements de Comayagua, Gracias, Santa-Barbara et Tegucigalpa, on rencontre des Indiens de race pure qui ont conservé leur idiome primitif, leurs coutumes antiques et habitent les villages connus sous les noms de Guajiquizo, Opatoro, Similatan, Lanterique, Cusatin. Ils cultivent le blé, les patates et en général les plantes des climats tempérés; ils sont jaloux de leur indépendance, sombres, silencieux, toujours armés de l'arc dont ils ne se servent que contre les bêtes féroces.

Dans la partie orientale de l'État, entre le district du Rio-Romano et le cap de Ségovie, les Payas ou Hicaques occupent un territoire d'une superficie de plus de cent cinquante milles carrés. Ils sont idolâtres, à l'exception de ceux qui habitent près des districts civilisés et qui pratiquent la religion catholique. Leurs usages leur tiennent lieu de lois. Confinés dans des montagnes inaccessibles, ils n'en descendent que pour porter sur les marchés des cuirs de cerf, du sang-dragon, de la cochenille, enfin de l'or, qu'ils se procurent par le lavage des sables que roulent les torrents de leurs montagnes. On n'a rien à redouter du voisinage de ces hommes généralement pacifiques, qui s'engagent parfois une partie de l'année en qualité de coupeurs d'acajou, tiennent scrupuleusement leurs promesses et ne rentrent dans le village qu'à l'expiration du contrat.

Moins avancés à l'époque de la conquête que les Cachiceles et les Nahualcos, ils étaient cependant plus civilisés que les Caraibes dont nous parlerons bientôt. Les Indiens Hicaques ont le visage rond, les yeux petits, mais sans expression méchante ; leurs cheveux sont longs et tombent sur les épaules ; bien que d'une taille peu élevée, ils soulèvent des fardeaux énormes, et franchissent en peu de temps d'incalculables distances. Il en est qui vivent à l'état nomade, pratiquent exclusivement l'idolâtrie et se livrent aux superstitions les plus étranges.

On divise le groupe des indiens Payas ou Hicaques en trois tribus : celle des Payas proprement dits, celle des Toacas, celle des Secos.

Les Toacas se distinguent des autres par divers caractères : ils sont doux, inoffensifs, parlent vite et très-bas ; ils sont plus industrieux que les populations indiennes qui les entourent. Ils tissent le coton qu'ils récoltent, le teignent de couleurs éclatantes fournies, dit-on, par des coquillages, et en font pour eux-mêmes des pagnes qu'ils ceignent au milieu du corps et pour leurs femmes une sorte de jupe, leur seul vêtement. Rien n'égale l'adresse avec laquelle ils atteignent de leurs flèches l'oiseau le plus léger dans les airs, le daim le plus rapide dans les bois.

Les objets produits par l'industrie des Toacas peuvent être obtenus à très-bas prix. Ils livrent contre échange des nattes admirables et des hamacs, dont le travail en pita et en plumes est d'un merveilleux effet. Il nous souvient d'avoir vu un canot, œuvre des industrieux Toacas, qui l'avaient creusé dans un énorme tronc d'acajou ; il pouvait porter vingt hommes ; un capitaine anglais l'obtint pour une hache.

Les derniers aborigènes dont il nous reste à parler sont ceux du district de Petens dans le Guatemala. Ils sont fixés au nord de la république et divisés en tribus connues sous le nom de Hicaques, Payas, Touglas, Wolwas, Towkas, Ramas. Une indépendance complète est leur partage et on a vainement tenté de les soumettre. En 1712, ils égorgèrent les prêtres espagnols qui s'étaient fixés parmi eux et enlevèrent des églises les ornements sacerdotaux et les encensoirs, dont ils se servirent pour le culte de leurs idoles. Le marquis don Torribio Cassio, capitaine général, marcha contre eux, en fit un grand carnage et, avec les têtes des rebelles, entoura d'une ceinture la porte principale de Guatemala. En finissant cette énumération nous citerons ici, seulement pour mémoire, les Guatuosos et les Salamancas, tribus peu connues et sans importance du Costa Rica et du Nicaragua.

Telles sont, dans ces contrées, les derniers représentants de la race puissante qui dominait avant la conquête. Bien qu'ils diffèrent entre eux sous divers rapports, ces débris dispersés sur tant de points différents du territoire ont conservé des mœurs communes qui indiquent leur identité d'origine. L'Indien du Centre-Amérique, au Honduras comme au Salvador, est généralement sobre ; peu de choses lui suffisent pour les nécessités de la vie. Le maïs, la banane et la canne à sucre qu'il cultive, le cocotier, le palmier qui peuplent les forêts lui fournissent, sans grand travail, une nourriture dont se contente sa frugalité. Quant à sa demeure, elle est loin de rappeler les palais splendides que ses aïeux habitaient à Copan.

Rien d'élémentaire comme la construction de son ajoupa : quatre pieux enfoncés en terre, un toit en feuilles de palmier, dont des branches sèches recouvertes de paille font à peu près tous les frais. Les parois sont ordinairement en argile, quand la cabane n'est pas un simple hangar. Le mobilier est aussi des plus modestes : une ou deux cruches en terre cuite, appelées cantaros, des guacales ou calebasses de coco, un hamac, voilà tout le confortable de l'Indien. Nous l'avons vu souvent, dans cette chétive demeure, ayant à portée de sa main une cruche d'eau et des bananes suspendues sur sa tête, rêver des journées entières sur son hamac, comme s'il attendait insoucieusement quelque chose d'inconnu. Au Honduras, dans une case immense, certains Indiens vivent en communauté. La salle principale de l'habitation, qui atteint parfois une longueur de cent pieds sur une largeur de cinquante, sert de demeure au chef de la tribu; tout autour sont rangées les habitations particulières ; les femmes, sous la direction d'une sorte d'intendante, et divisées par spécialité, vaquent aux soins du ménage. Une égale répartition du travail règne dans cette communauté dont l'organisation ne cache aucune exploitation de quelque sorte qu'elle soit.

L'Indien, en effet, est essentiellement travailleur; son activité est plus grande que celle du nègre, et, dans les climats intertropicaux, où les hommes de la zone tempérée, accablés par la chaleur, sont portés à la paresse, on est heureux de l'employer à la culture de l'indigo, du café, de la canne, au sciage de l'acajou, au lavage des sables aurifères. Au Centre-Amérique, le salaire est de deux réaux ou un franc vingt-cinq centimes par jour, plus la nourriture de l'ouvrier, composée de *tortilla* ou bouillie de maïs cuite sur une plaque de tôle. Cette nourriture suffit à l'Indien, qui ne connaît guère d'autre excès que celui de l'aguara ou eau-de-vie de canne.

Mais, outre les aborigènes, il existe une race d'Indiens venus dans la contrée par la voie de l'Océan, et qui mérite quelques instants d'attention. Nous voulons parler des Caraïbes, qui habitent, depuis la fin du siècle dernier, le Honduras, où ils ont, chose remarquable, été déportés par suite de leur attachement pour la France. L'île de

Saint-Vincent est leur patrie. Pendant que les Français et les Anglais se disputaient la possession des Petites-Antilles, les Caraïbes, qui les habitaient, furent nos alliés fidèles et payèrent cher cette loyauté. Lorsqu'après de sanglants combats les Anglais nous eurent expulsés, sept mille d'entre eux, c'est-à-dire la nation presque toute entière, furent déportés dans les îles désertes de Roatan, sur la côte du Honduras. Ces hommes, malheureux, mais honnêtes, intelligents, polis par leur contact avec les Français, furent bientôt appréciés par les Espagnols. Les autorités de Truxillo les appelèrent sur le continent et les excitèrent à fonder des établissements autour de leur ville. Cette colonisation, aussi intéressante que singulière, alla en prospérant jusqu'en 1832, époque où, sous l'influence des émissaires espagnols, les Caraïbes se joignirent aux *Serviles* qui voulaient replacer le Honduras sous le joug de son ancienne métropole. Ils furent décimés et contraints de se retirer à Belize, d'où une amnistie les autorisa à rentrer bientôt dans leurs anciens cantonnements.

Deux races différentes se remarquent parmi eux, malgré leur commune origine : la race noire, la race blanche. L'existence de la première est due au mélange du sang indien avec celui de nègres marrons qui s'étaient établis dans une île voisine de celle de Saint-Vincent. Les Caraïbes noirs sont plus grands, plus vifs, et ont naturellement une carnation plus foncée que celle de leurs frères dont le sang est resté pur. Ils sont les uns comme les autres actifs, industrieux; leurs habitations ne manquent pas d'un certain confortable. Ils ont conservé leur langue maternelle, celle qu'ils parlaient dans leurs îles, ainsi qu'un grand nombre de rites superstitieux qu'ils mélangent au culte catholique.

Ces hommes, — excellents travailleurs, — seraient d'un grand secours à tous ceux qui entreprendraient des travaux au Honduras.

Leur costume est pittoresque. Ils portent habituellement un caleçon rouge ou un large pantalon, une chemise blanche et un chapeau de palmier aux bords relevés; il n'est pas rare d'en rencontrer qui, visant à l'élégance européenne, ont une canne et un parapluie. Les femmes sont d'une grande coquetterie, portent des vêtements recherchés et des ornements de corail de différente espèce; on en rencontre qui parlent, outre leur langue maternelle, l'anglais et l'espagnol.

La polygamie, qui existait autrefois chez les Caraïbes de l'île Saint-Vincent avant la venue des Européens, se retrouve encore chez quelques-uns de leurs descendants. Dans certains villages chaque femme habite une case isolée entourée d'un jardin qu'elle est obligée d'entretenir. Le Caraïbe passe une semaine dans chaque case. Les femmes travaillent la terre et vont vendre les fruits qu'elles récoltent à de grandes distances. Les hommes chassent, pêchent, construisent des bateaux, ou se font coupeurs d'acajou, ce qui est leur principale industrie.

Ce seront ces hommes énergiques, sobres et accoutumés au climat, qui fourniront dans des conditions exceptionnelles les ouvriers nécessaires à la construction de la voie ferrée.

Quand Aspinwal construisit le chemin de fer de Panama, on sait au prix de quels sacrifices il acheva son œuvre. Chaque traverse du chemin coûta la vie d'un homme, car le pays dépeuplé ne fournissait pas d'ouvriers et il fallait les faire venir à grands frais d'Europe, et leur promettre la traversée franche entre New-York et San Francisco.

Heureusement, plus favorisé au Honduras, le Gouvernement, qui construit lui-même son chemin, pourra largement mettre en réquisition les tribus Caraïbes habituées d'ailleurs à payer en travail l'impôt qu'elles doivent à la république.

Cette situation toute exceptionnelle assure à l'affaire des bénéfices qu'aucun particulier ne saurait réaliser et permettra d'obtenir des résultats aussi prompts que fructueux.

Les ingénieurs et les contre-maîtres européens trouveront donc, à des prix exceptionnels, des hommes en nombre parfaitement disciplinés.

CHAPITRE III.

Aperçu historique.

Après avoir étudié la position actuelle des populations répandues dans le pays dont nous avons fait l'esquisse géographique, nous allons jeter un rapide coup d'œil sur son passé.

A l'époque de la découverte du nouveau monde, aussi bien qu'à celle des guerres de l'indépendance, l'isthme immense qui s'étend du Yucatan à la Colombie ne pouvait manquer d'être le théâtre de guerres et de révolutions extraordinaires.

Malheureusement, quand on veut étudier la période de la conquête, on reconnaît de suite qu'à part quelques détails sur la fondation de Panama, d'où partit la flotte que Pizarre conduisit au Pérou, aucun historien n'indique de quelle façon les populations indiennes du Centre-Amérique ont été soumises à la couronne d'Espagne.

Au cours des recherches patientes que nous avons dû faire à ce sujet, nous avons toujours eu à nous louer de l'obligeance sans égale des autorités hispano-américaines ; mais les documents manquaient presque partout.

Seules les archives du Salvador ont pu nous fournir des éléments nombreux d'investigation, et les renseignements que nous y avons puisés, joints aux traditions locales et à l'examen des lieux, nous ont permis de reconstituer un chapitre inconnu de l'histoire du nouveau monde.

En 1502, Colomb partit d'Hispanola avec deux vaisseaux et se dirigea vers le Sud à la recherche d'un détroit qui lui permît de passer vers une mer inconnue qui devait, suivant lui, baigner les côtes de l'Indo-Chine.

Dès le début, il atteignit l'île de Bonaca, qu'il nomma île des Pins, et, apercevant les cimes bleues de la Cordillière qui fermaient l'horizon, il se dirigea vers la grande chaîne des monts américains qui lui apparaissait pour la première fois. En quelques heures il atteignit un cap nommé depuis cap de Honduras, et, sautant à terre le premier, il prit possession du continent au nom de la couronne d'Espagne.

Les Espagnols se mirent en relation avec les indigènes, qu'ils trouvèrent beaucoup plus avancés en civilisation que les Indiens des Antilles; puis, côtoyant les terres, ils découvrirent le Rio-Negro et arrivèrent à travers mille périls au point où la côte, donnant un tour vers le sud, forme un cap que Colomb appela *Gracias à Dios*.

Le grand navigateur, poursuivant énergiquement ses recherches, fouilla les baies, les moindres échancrures des côtes du Honduras et du Nicaragua, perdit une chaloupe et les hommes qui la montaient dans le Rio-Wanks, qu'il nomma le Rio des désastres et arriva enfin au Darien.

C'est ainsi que fut découvert le Centre-Amérique.

Vers le même temps, Rodcrigo et Labastidas, deux compagnons de Colomb, et enfin Améric Vespuce parcoururent les mêmes parages, toujours en quête d'une route nouvelle conduisant vers les Indes, route vers les contrées qu'à cause de lui on devait nommer plus tard Colombie.

Ces tentatives, quoique infructueuses, découvraient du moins les côtes accidentées de l'Amérique centrale sur l'Atlantique et ne tardèrent pas à faire connaître celles qu'elle possède sur le Pacifique.

Un Espagnol, nommé Nunez de Balbao, s'était établi au Darien, au milieu d'une bande d'aventuriers qui l'avaient choisi pour chef.

Il y avait fondé deux petits centres coloniaux, connus sous le nom de Santa-Maria et Antigua, à peu près sur les emplacements occupés aujourd'hui par Chagres et Aspinwall.

Un jour que deux de ses hommes se disputaient la possession de divers objets en or massif que les Indiens employaient alors à l'usage le plus vulgaire, un naturel du pays renversa les balances qui leur servaient à partager le butin, s'étonnant de la valeur qu'ils attachaient à un métal si commun ; il leur apprit qu'ils trouveraient de l'or autant qu'ils en voudraient chez les habitants d'un puissant empire situé à dix soleils de là et que ce pays était baigné par une grande mer du côté du soleil couchant.

Ce fut un trait de lumière pour Balbao qui ne douta pas qu'il ne fût près de l'Océan si longtemps cherché. Aussitôt il prit un guide et, suivi d'une vingtaine de ses compagnons, s'avança vers l'ouest ; son voyage fut long, pénible, semé d'incidents qui eussent fait reculer d'autres hommes que les envahisseurs du nouveau monde.

Il fallut franchir les monts américains par les côtes les plus abruptes, repousser les attaques de tribus inconnues et malveillantes, surveiller les Indiens de l'escorte, dont la fidélité était douteuse ; c'était de plus la saison des pluies et les provisions manquèrent un instant aux explorateurs.

Enfin, un soir, le guide arrivé au haut d'un pic cria qu'il apercevait la mer. Balbao ordonna à ses hommes de rester en arrière, il s'avança seul pour jouir le premier de la vue de ces flots tant désirés.

Alors un spectacle sublime se présenta à ses yeux : le soleil se couchait sur un Océan immense, calme, uni comme une glace; pas un souffle ne ridait sa surface vermeille ; l'Espagnol se mit à genoux, remerciant Dieu, et nomma le nouvel Océan Océan Pacifique; puis il s'avança vers la mer dont il prit possession au nom du roi Ferdinand.

Balbao venait de faire la découverte géographique la plus grande, la plus immense après celle de Colomb.

La couronne d'Espagne fut pourtant pleine d'ingratitude envers cet homme courageux.

A cette époque existait en Europe un prêtre nommé Fonseca, diacre, puis évêque de Burgos, qui, tout-puissant sur l'esprit de Ferdinand, parvint au poste élevé de Président du Conseil des Indes.

Cet homme de cour, violent, passionné dans ses haines, dirigeait les affaires de l'Amérique du fond de l'Espagne; c'est lui qui persécuta Colomb et plus tard Cortez.

Il détesta aussi Balbao et ne craignit pas de le remplacer par une de ses créatures du nom de Pedro Arias d'Avila.

Balbao refusa de reconnaître le nouveau venu et défendit sa conquête les armes à la main. Dans ces temps où les aventuriers devenaient si vite des héros, ces sortes d'événements étaient fréquents et les ordres envoyés du fond de la Castille n'étaient pas toujours respectés au nouveau monde.

La guerre éclata entre les deux rivaux et finit par une transaction. Balbao épousa la fille de son compétiteur et reçut de lui le gouvernement des pays dont il avait constaté l'existence sur le Pacifique.

Les récits qu'il avait recueillis, les découvertes qu'il avait faites troublèrent toutes les têtes, et la partie sud du Centre-Amérique vit s'organiser des expéditions destinées à ce pays inconnu qui recélait tant d'or. Bien des essais furent infructueux. Enfin un jour partirent de Panama trois hommes qui allèrent à la conquête d'un empire plus riche que toute l'Espagne : Pizarre, un ancien porcher, Almagro, un enfant trouvé, tous deux destinés à gouverner le Pérou, enfin de Luque, un maître d'école, qui devait, le premier, coiffer la mitre épiscopale dans le royaume du fils du soleil.

Mais revenons à Balbao; doué d'une activité peu commune, d'une énergie que n'avait point diminuée l'ingratitude de son souverain, il se mit à parcourir les côtes de l'Océan qu'il venait de découvrir. C'est au milieu de ses voyages qu'il entra dans une baie magnifique, devenue fameuse depuis, et qu'il nomma Baie de Fonseca, en souvenir de l'évêque de Burgos, croyant sceller sans doute sa réconciliation avec Pedro Arias.

Ces marques de condescendance du vieux navigateur ne produisirent pas les conséquences qu'il en espérait. Au moment où il équipait une flotte pour partir à la conquête du Pérou, il fut attiré traîtreusement par Pedro Arias dans une entrevue, arrêté, traîné devant un prétendu tribunal composé de ses ennemis, condamné et exécuté.

Telle fut la destinée de cet homme remarquable qui prépara l'envahissement du Pérou, découvrit et baptisa l'Océan Pacifique et commença par le Sud la colonisation du Centre-Amérique, pendant que Cortez et ses compagnons allaient l'entreprendre par le Nord.

Les détails qui vont suivre sont empruntés entièrement aux documents salvadoriens inédits et aux traditions que nous avons recueillies nous-mêmes sur les lieux témoins des hauts faits des Espagnols.

Fernand Cortès, après s'être emparé de Mexico et s'être fortifié d'une façon complète dans son opulente conquête, chargea un de ses compagnons. Leon Alvarado, de s'avancer vers le Sud, et de soumettre, autant que possible, les populations indiennes, de façon à donner la main aux établissements créés par Balbao, et que Pedro Arias avait transportés sur le Pacifique en y fondant Panama; lui-même se réserva de suivre sur les côtes de l'Atlantique une marche parallèle à celle de son lieutenant, avec lequel il comptait rester en communication.

Nous avons dit que Colomb s'était mis en rapport avec les naturels du Centre-Amérique lors de son passage dans le golfe du Darien.

Il lui avait semblé qu'ils étaient dans un état de civilisation beaucoup plus avancé que ceux des Antilles. Alvarado, en venant par le Nord, allait se trouver en face de populations plus riches et plus civilisées encore. Il est vrai qu'elles ne formaient plus, comme au Mexique, un empire fortement organisé. La situation géographique du pays, entrecoupé de montagnes, de fleuves, semé de grands lacs, avait déterminé la formation de nations indépendantes, ennemies les unes des autres.

La tâche du lieutenant de Cortez, bien que peu commod à remplir, ainsi que nous allons le voir, en fut pourtant facilitée; car les Espagnols ont toujours pratiqué la maxime : « Diviser pour régner. »

Alvarado entra en campagne à la tête de 100 cavaliers et de 200 fantassins. C'est avec des forces aussi insignifiantes que les Européens à cette époque détruisaient les empires dans l'Asie méridionale ou en Amérique, tant est grande la supériorité de notre race. Un corps auxiliaire de fidèles Tlascalans suivait l'armée Espagnole qui entra dans le Guatemala en 1524.

Le premier Etat important que le corps expéditionnaire rencontra fut celui des Quiches indiens, renommés par leur valeur et qui, après quelques affaires d'avant-garde, se replièrent sur Quiché, leur capitale. Cette ville, célèbre par sa position stratégique et sa magnificence, résista héroïquement et fut emportée d'assaut après un siége mémorable.

Alvarado, voulant employer la terreur comme moyen de domination, ruina de fond en comble la capitale des Quiches. Cet acte de vandalisme est à jamais regrettable, si nous en croyons les descriptions que les historiens nous ont laissées de cette malheureuse cité. On y entrait par deux portes protégées par des tours élevées; on y voyait le palais du roi assez semblable à celui que Montezuma avait fait élever à Tenochtitlan; ses murs, composés de pierres de diverses couleurs établies par couches superposées, n'étaient pas sans analogie avec les constructions romaines. Son enceinte colossale renfermait tous les édifices nécessités par les diverses branches de l'administration; des souterrains contenaient le trésor confié à la garde de soldats d'élite. Un arsenal muni d'armes de tout genre permettait, aux jours de danger, d'organiser une armée redoutable. C'était là aussi qu'habitaient les nombreuses concubines du roi, qui avait donné à ses femmes tous les trésors et les agréments que les monarques orientaux ajoutent à leur sérail.

La ruine de Quiché frappa de terreur les peuples voisins et parmi eux les Cachiceles, qui vinrent faire leur soumission et acceptèrent le rôle d'auxiliaires des vainqueurs.

Alvarado se vit bientôt à la tête de 6,000 recrues fournies par différentes nations indiennes. A la tête de ces forces considérables, il s'éloigna du territoire des Quichés, et s'avança vers le sud, à travers un pays dévasté pendant les précédentes guerres entre les populations qu'il venait de soumettre et les Pipiles qu'il allait attaquer.

Les soldats ne trouvant aucun butin, manquant des choses les plus nécessaires à la vie, se laissaient aller au découragement ; mais leur chef leur montrait les pays opulents qu'ils allaient conquérir, et ranimait leur énergie par l'appât du pillage.

L'armée arriva sous les murs d'Escunitopèque, qui fut enlevée après trois jours d'assaut malgré la résistance acharnée organisée par les caciques.

Après la perte de leur capitale, les Pipiles se reformèrent derrière le Michitoya, un des grands fleuves de la contrée, sur le bord duquel ils livrèrent une sanglante bataille à l'armée alliée. Les Tlascalans et autres auxiliaires des Espagnols éprouvèrent de grandes pertes; mais l'épouvante occasionnée par le bruit des armes à feu et par les chevaux que les Indiens croyaient ne faire qu'un seul corps avec les cavaliers, amenèrent une nouvelle victoire des envahisseurs.

Alvarado rentra triomphant à Escuintopèque où il accorda à son armée le repos qu'elle avait si bien mérité.

Avant d'entreprendre une nouvelle campagne, le conquérant ordonna de construire sur les rives du Michitoya des vaisseaux avec lesquels il espérait conduire son armée vers le pays de l'or indiqué à Balboa, mais toujours inconnu. Il adopta pour station navale et entoura de quelques ouvrages le port d'Istapa, qui est encore aujourd'hui le centre du mouvement commercial et maritime nécessaire à l'approvisionnement de la ville de Guatemala située sur le plateau ; il fonda en outre la petite ville aujourd'hui florissante d'Esquintla.

Alvarado se trouvait donc en possession d'une base d'opérations sérieuses. Il avait enrôlé un certain nombre d'Indiens pour remplir les vides que la guerre avait faits dans son armée, et pouvait désormais atteindre le but de son expédition qui était la conquête des contrées riches et peuplées situées au delà du Rio-Paz, c'est-à-dire du territoire actuel de la république du Salvador.

Mais avant même de franchir le Rio-Paz, bien des combats lui restaient à livrer. Il soumit sans grande peine les villes d'Atiquipape et de Vasisco, occupa sans résistance Guazacacapau, mais trouva une armée nombreuse d'Indiens confédérés qui l'attendaient à Guaimaiga. La mêlée fut terrible, les moyens de défense de l'ennemi étranges et désespérés. Les Indiens, après avoir épuisé leurs flèches empoisonnées, attachaient à des tiges d'acajou un grand nombre de ces serpents à sonnettes connus encore dans le pays sous le nom de cascabels, et de ces lanières vivantes frappaient les Espagnols au visage.

Alvarado eut besoin de toute son énergie pour éviter un désastre ; il ne triompha qu'au prix de pertes considérables ; plusieurs Espagnols restèrent sur le champ de bataille. L'armée envahissante arriva à grand'peine au Rio-des-Esclaves, presque toujours guéable en été, mais alors grossi par les pluies d'hiver. Elle dut là franchir le fleuve, malgré les poursuites des tribus puissantes de Pazacaca qui l'enveloppaient. Les convois de vivres étaient depuis longtemps interceptés et l'ennemi formait un cercle de plus en plus compact autour des Espagnols, dont la situation allait devenir désespérée. Alvarado ne perdit pas courage : il fit volte-face et attaqua les Indiens enfermés à Pazacaca, dans des retranchements formés de troncs d'arbres, qui arrêtaient et rendaient inutiles ces terribles cavaliers espagnols dont le triomphe avait jusqu'alors été assuré. Les fantassins durent marcher en avant ; mais bientôt accablés d'une grêle de traits, arrêtés, puis blessés par des piquets aigus, dont la pointe était empoisonnée avec le sang des serpents à sonnettes ou avec le suc d'herbes vénéneuses, ils battirent en retraite après avoir été décimés.

Le combat dura cinq jours, et la défection d'une partie des Indiens de Sencantau assura seule une victoire chèrement achetée à Alvarado, qui continua sa route et arriva enfin aux rives tant désirées du Rio-Paz. Il le franchit après un nouveau combat où il fut blessé, et entra sur le territoire de Moquizalaco.

Quand, après trois siècles, on parcourt la route stratégique suivie par Alvarado, on est étonné, saisi d'admiration, comme nous l'avons été nous-même, à la vue des obstacles sans nombre qui devaient arrêter la marche de son armée, et de la force des positions qu'il lui fallut enlever.

Le Rio-Paz roule des ondes tumultueuses et redoutables pendant la saison des pluies ; ses rives sont d'un escarpement et d'une hauteur dont aucun fleuve d'Europe ne saurait nous donner une idée. Quand on arrive à la descente du côté de Guatemala, on est suspendu entre une montagne à pic et un précipice rempli d'eaux courantes aux flots d'un vert sombre ; il faut être sous l'empire de nécessités inexorables pour suivre cette route pendant plusieurs heures et remettre sa vie à la merci de montures dont le moindre écart précipiterait le voyageur dans les flots.

Après des peines infinies, après avoir attendu plusieurs

jours dans un rancho fondé récemment près des rives du fleuve, on arrive sur le territoire du Salvador, où l'ascension est encore plus périlleuse que la descente, et l'on gagne la ville d'Aochapau, l'ancienne Aguachapa des Indiens.

Nous donnerons ici une description de cette ville et de son territoire qui furent occupés par Alvarado, à l'instant où l'a laissé notre récit.

Le district d'Aochapau est un des plus importants du riche département de Santa-Anna. Du haut des montagnes d'Atacas, il semble placé au milieu d'un nid de verdure. La plaine qui l'environne est un immense pâturage, où un lac bleu comme un saphir sert à désaltérer les troupeaux. La canne à sucre, le café, toutes les productions tropicales en un mot, abondent dans la contrée et enrichissent les habitants déjà favorisés par la vue du panorama le plus enchanteur. Un torrent ceint la ville à laquelle la fraîcheur est conservée par de hautes montagnes qui interceptent les vents du sud.

Les habitants d'Aochapau ont conservé l'intrépidité des Indiens du temps de la conquête, et naguère ont opposé une résistance glorieuse aux envahisseurs guatemalais. Au mois de juin 1863, un capitaine salvadorien, dont nous regrettons de ne pouvoir citer le nom, s'enferma dans le Kalildo, et, à la tête d'une poignée d'hommes, tint en échec pendant deux jours toute l'armée du général Carrera. Ce soldat, ou plutôt ce héros, qui mériterait chez nous les honneurs du Panthéon, mourut le dernier ; ses compagnons tombèrent tous frappés en face et les soldats guatemalais apprirent par cet exemple ce qu'ils auraient à redouter en face de l'armée du Salvador.

Aochapau devint la place d'armes sur laquelle Alvarado s'appuya pour subjuguer les États situés entre le Rio-Paz et la baie de Fonseca, territoire actuel du Salvador. Il s'empara d'abord sans coup férir de Sousonate et Elzalco, reçut la soumission de Moquizalco, Acatepelque, Hascuscaales, et arriva devant le défilé si redouté de Gounoumal.

Alvarado dut aussi aux faveurs de la fortune de traverser sans combat le terrible passage ; lorsqu'il y arriva, le versant du sud était inoccupé ; il put s'avancer sans encombre jusqu'à Cuscatlau, une des villes les plus importantes des Nahuales, devant laquelle il mit le siège.

Ici l'attendait la résistance la plus énergique qu'il eût rencontrée depuis le commencement de l'expédition. Les Indiens des nouvelles contrées envahies furent inaccessibles aux offres des Espagnols qui cherchaient à les diviser pour les vaincre; leur esprit de nationalité fut inébranlable, chose inouïe parmi les populations primitives du Centre-Amérique. Alvarado dut reculer et aller reposer ses forces chez ses alliés du nord. L'été suivant il reparut à la tête d'une armée nombreuse, s'empara de Coscatlau et soumit toute la pointe située entre la Cordillère et le Pacifique jusqu'au lac du Nicaragua. A cet endroit il donnait la main à Cortez, qui, parti de Tehuantepec avec Cristobal de Olio, avait, après deux années de luttes incessantes contre les hommes et les éléments, atteint le point du débarquement de Colomb, soumis les populations des côtes occidentales et fondé l'antique cité de Truxillo, près du cap de Honduras.

En présence de ces résultats, Alvarado dut arrêter sa course aventureuse. C'est alors qu'il fonda la ville de San-Salvador, qui devint plus tard la capitale de l'Union du Centre-Amérique, tant le lieutenant de Cortez avait choisi avec habileté l'emplacement de la cité qui rappelle ses glorieuses conquêtes.

Le gouvernement espagnol, après l'heureuse issue des guerres entreprises contre les populations indiennes, divisa le nouveau monde en grandes provinces dont les délimitations furent presque entièrement empruntées à la géographie naturelle. Cependant le Yucatan et l'isthme de Tehuantepec furent annexés au Mexique; Panama, son territoire et tout ce qui formait l'ancien gouvernement de Pedro Arias, aux provinces de l'Amérique méridionale. Quant au reste du Centre-Amérique, il fut réuni en une seule province, sous le nom de capitainerie de Guatemala, sous l'administration d'un président de cour royale, à la fois gouverneur et capitaine général.

Les Indiens ne perdirent pas immédiatement le caractère de leur nationalité primitive. Sur les pentes du Pacifique, où ils étaient moins que partout ailleurs en contact avec le flot envahissant de l'émigration européenne, ils conservèrent la tradition du langage mahual, qui était celui des Mexicains, leurs premiers conquérants. Le dialecte toltèque, antérieur à l'invasion astèque, fut même parlé longtemps dans certains districts; enfin, beaucoup de pratiques religieuses de l'ancien culte furent mêlées aux cérémonies chrétiennes, tant le clergé les trouva invétérées.

Cet esprit de nationalité persistant ne sauva pas les populations indiennes de l'exploitation sans merci des envahisseurs. Les Espagnols firent un usage barbare de cette domination que la Providence leur permettait d'établir d'une si merveilleuse façon. Réduits à la servitude la plus abjecte, les anciens maîtres de ces contrées furent employés surtout aux travaux des mines, sans pouvoir satisfaire la rapacité de leurs oppresseurs, qui rêvaient, dans leur soif de richesses, la découverte de volcans pleins d'or et d'argent en fusion.

Il faut lire les relations du missionnaire Thomas Gage, qui habitait le Centre-Amérique vers 1630, pour comprendre la misère des indigènes et la dureté des vainqueurs. « Il y » en a, dit-il, qui vont abuser des femmes indiennes, pen- » dant que les maris travaillent à la terre ou aux mines; » d'autres qui les frappent du fouet, parce qu'ils leur sem- » blent trop paresseux ; qui leur donnent des coups d'épée ou » leur brisent la tête, pour s'être voulu excuser contre leurs » reproches. Certains quittent le service, se couchent résolus » de mourir plutôt que de vivre si misérablement; ils refu- » sent tous les aliments que leurs femmes leur présentent » et se laissent mourir de faim. »

Trois siècles se passèrent ainsi, trois longs siècles d'oppression, de misère, d'abâtardissement ; la main de Dieu s'appesantit enfin sur les tyrans; l'abus des richesses, la dépopulation épuisèrent l'Espagne, et ses colonies américaines, profitant des longues guerres qui suivirent en Europe la révolution française, s'insurgèrent sur tous les points. Le Centre-Amérique suivit les destinées de l'insurrection mexicaine tantôt victorieuse, tantôt vaincue.

En 1810, le curé D. Miguel Hidalgo de Castilla arma les premières bandes insurrectionnelles, les organisa sur tous les points du territoire mexicain, et étendit l'agitation jusqu'au Salvador. La lutte fut longue et sanglante. Nombre de ceux qui la commencèrent n'en virent pas les derniers épisodes.

En 1820, Guerrero, un des derniers compagnons de Hidalgo, tenait encore et trouva un secours inespéré dans les rangs mêmes des partisans de la royauté. Iturbide, un *servile*, expulsa définitivement du Mexique les Espagnols, envahit la capitainerie de Guatemala et l'annexa à son empire. Après la chute de cet homme remarquable, qui eut le tort de singer Napoléon, le Guatemala se déclara indépendant.

Le Centre-Amérique, s'appartenant enfin à lui-même, forma tout entier une république fédératrice analogue à la grande Union américaine, avec cette belle devise : Dieu, Union et Liberté. San-Salvador fut désigné pour le siége du Congrès. Malheureusement, un changement politique profond n'est jamais acheté qu'au prix du sang répandu. Durant les longues guerres de l'indépendance des républiques hispano-américaines, les fonctionnaires, le clergé et les grands propriétaires avaient soutenu la métropole et formé la faction qualifiée du nom infamant de *serviles*.

Le parti libéral qui lui était opposé avait affranchi tout le territoire, mais les divisions intestines subsistèrent encore après l'établissement de l'Union. C'est à cette époque que parut au Centre-Amérique un homme dont le souvenir mérite d'être conservé. Après la chute de Napoléon et pendant la terreur blanche qui remplit les premières années de la restauration, beaucoup d'officiers français émigrèrent et allèrent chercher fortune dans divers pays du globe. Un d'entre eux, le général Saget, vint au Honduras et combattit dans les rangs des libéraux pendant la guerre de l'indépendance. Il s'attacha au général Morazan, fils d'un créole des Antilles françaises, qui fut le héros des fédérés et s'éleva jusqu'à la présidence de l'Union. Un jour, Morazan eut l'imprudence de confier ses meilleures troupes à Saget et de l'envoyer à Costa-Rica pour réprimer une émeute militaire.

Les serviles profitèrent de l'absence du général français dont ils redoutaient l'énergie et eurent raison des troupes peu nombreuses restées auprès du président, qui fut égorgé. De ce jour, la cause fédérale fut perdue ; Saget rentra dans la vie privée, jeune encore. Ayant servi dans la cavalerie de Murat, il avait quelque chose du fameux roi de Naples, que ses soldats appelaient le beau sabreur. Il plaisait aux habitants de la ville de Sonsonate, au milieu desquels il s'était retiré, par sa figure martiale et douce à la fois, par sa haute mine et la hardiesse qu'il montrait en traversant les rues au galop de son cheval. Un jour de fête, cheval et cavalier parurent sur le parapet d'un pont élevé de plus de soixante mètres au-dessus d'un précipice. Saget était là, calme comme au manége et conservant le même sang-froid qu'au milieu d'une bataille.

Il mourut à Sonsonate, aimé et estimé de tous. Son fils n'a pas voulu quitter le pays, et nous avons eu le plaisir de lui offrir nos bons offices pour le faire réintégrer dans la qualité de Français, qui, au delà de l'Océan, n'était, avant l'expédition du Mexique, rien moins qu'un titre de noblesse.

Les serviles ayant triomphé dans les guerres intestines, la belle devise de la Fédération ne fut pas longtemps une vérité ; le Salvador, le Costa-Rica et le Nicaragua avaient, dès l'année 1824, commencé le mouvement. Les efforts de Morazan avaient retardé quelque temps la séparation ; mais en 1838, elle devint définitive.

La république de Guatemala forma cinq États différents : Salvador, Guatemala, Costa-Rica, Nicaragua et Honduras.

Depuis cette époque, la république du Honduras fut gouvernée par elle-même, et divers présidents se succédèrent au pouvoir, sans que le pays eût à traverser les péripéties sanglantes qui ont désolé trop souvent les États voisins.

Le Honduras, jalousé par le Guatemala, envié par le Salvador, n'a pas toujours pu jouir sans conteste des droits qui constituaient sa souveraineté nationale, et parfois le Guatemala a cherché à entraver son développement industriel et commercial.

Mais depuis environ dix ans, le pays n'a plus à subir d'influences étrangères et s'avance bravement dans la voie de l'ordre et du progrès. Le président actuel, le maréchal Médina, l'a placé au premier rang des républiques latines. Sous son administration, l'ordre et le progrès ne cessent de régner, tandis que sa fortune s'accroît chaque jour.

CHAPITRE V.

Administration politique.

Ce qui frappe d'abord dans la situation politique du pays, c'est une institution fondamentale toute française : le suffrage universel direct.

La république du Honduras est souveraine, libre et indépendante.

Tous les pouvoirs y émanent du peuple.

Les fonctionnaires publics sont ses délégués et ne tiennent leur autorité que des lois.

Le gouvernement est constitutionnel et représentatif ; la Constitution est basée sur la distinction indispensable des trois pouvoirs : pouvoir législatif, pouvoir exécutif, pouvoir judiciaire.

La religion catholique est la religion de l'Etat.

La république est divisee en cercles électoraux de 30,000 habitants. Chaque cercle élit un sénateur et deux députés au Corps législatif. Les sénateurs doivent être âgés de trente ans au moins et les députés de vingt-cinq. Un certain chiffre de fortune est nécessaire pour arriver à ces hautes fonctions.

Enfin, le président de la République doit être né au Honduras, être âgé de trente-deux ans au moins et posséder une fortune indépendante.

Le pouvoir législatif est exercé par les deux Chambres, qui se réunissent de droit du 1er au 15 janvier de chaque année. La présence des deux tiers au moins des membres de chaque assemblée est nécessaire pour la validité des délibérations. Les sénateurs et les députés sont inviolables.

Le pouvoir exécutif est exercé par le président de la République, qui est nommé pour quatre ans et peut être réélu.

Les ministres sont responsables.

Le président peut opposer son *veto* à la promulgation des lois, à condition de le motiver sur un registre qui reste dans les mains du pouvoir exécutif.

Enfin le pouvoir judiciaire est exercé par la Cour suprême ou de cassation, qui siége dans la capitale, par des tribunaux de première instance, qui résident dans les chefs-lieux de département et par les tribunaux de justice de paix.

Le territoire est divisé en départements administrés par des gouverneurs ou préfets, qui doivent être Honduriens et âgés d'au moins vingt-cinq ans. Ces fonctionnaires, nommés pour quatre ans et chargés de veiller à l'exécution des lois, sont les intermédiaires entre le pouvoir exécutif et les municipalités.

Les conseils municipaux installés dans chaque centre de population jouissent d'une grande liberté d'action. Ils sont issus du suffrage universel, et administrent sans contrôle le pouvoir central et les intérêts qui leur sont confiés.

Les législateurs sont venus chercher en France une partie de notre admirable Code adopté par tant d'Etats européens et que nous retrouvons avec quelque orgueil dans ces contrées lointaines. Il n'a subi que de légères et sages modifications nécessitées par des coutumes locales que le temps n'a pu déraciner.

Des lois pénales promptes et énergiques suffiraient à maintenir la sécurité publique, si les mœurs douces des habitants ne les rendaient presque inutiles.

Quant aux lois commerciales, elles facilitent la rapidité des mesures préventives qui sont l'essence de la juridiction consulaire.

Avec cette sage administration, sans désir d'agrandissement territorial, sans autre ambition que celle des améliorations progressives, le Honduras n'a qu'une armée permanente fort restreinte.

Elle suffit au maintien de la sûreté publique, à la garde des prisons, à la police des ports. En cas de guerre, tout Hondurien est soldat, et l'histoire de ce pays contient des pages héroïques qui racontent comment on y sait expulser l'ennemi du sol de la patrie envahie.

Dans chaque département, le commandant général réunit et instruit les milices à des époques déterminées. Un corps d'artillerie réside dans la capitale.

Telle est dans son ensemble l'administration de ce beau pays qui, à l'heure où nous écrivons, a remis ses destinées entre les mains d'un homme d'élite bien digne de le conduire dans la voie de la prospérité et du bien.

Le maréchal Médina, président actuel, vient d'être réélu à l'unanimité, en dépit de l'ancienne Constitution, qui a été modifiée par un plébiscite.

Toutes les municipalités de la république, d'un commun accord, ont voté une adresse pour supplier le Président de conserver le pouvoir.

Il y a loin, certes, de ce vote aux élections opérées dans

certaines républiques latines, grâce à l'appui des baïonnettes. C'est la meilleure preuve d'ailleurs que le pays comprend que ses destinées sont dans des mains honnêtes et énergiques, et que la grande voie interocéanique tend à sa réalisation.

La République a conclu des traités de paix et d'amitié avec la France, l'Angleterre, l'Italie, la Belgique et les États-Unis.

Le comte Lindemann, bien connu dans la haute société prussienne par son amabilité et sa courtoisie, est chargé d'aller en Prusse faire un traité de commerce et de navigation qui rattachera directement le Honduras à sa patrie allemande.

Quant aux revenus de la République, il est difficile de les établir à leur valeur réelle quant à présent.

Le Honduras est sans contredit un des pays les plus riches du monde, et, le jour où son Gouvernement exploitera les immenses domaines qu'il possède, il pourra entreprendre les œuvres les plus grandioses.

Les revenus actuels sont, il est vrai, peu exploités ; cependant ils suffisent largement à son budget qu'ils dépassent beaucoup.

Le produit des douanes d'Omoa, Truxillo, Amapala,

Le privilége de la vente des eaux de vie, les droits de sortie sur les tabacs, cuirs, minerais, etc.,

Et la vente du droit d'abattre les acajous, constituent ses recettes principales.

Si le Gouvernement exploitait l'acajou pour son compte, il pourrait retirer plusieurs centaines de millions de la vente de ce précieux bois.

Les vallées qui avoisinent l'Atlantique renferment des

quantités immenses de ce colossal produit des pays intertropicaux.

L'État est d'ailleurs propriétaire des neuf dixièmes du sol de la République.

Rien n'empêche donc l'Exécutif de mettre en valeur des terrains dont la culture sera une source intarissable de revenus.

L'état financier du Honduras est excellent, si on le compare surtout à celui des républiques hispano-américaines du Sud. Sa dette extérieure est presque nulle ; la culture de quelques centaines d'hectares de tabac à Santa-Rosa suffirait pour la régler.

La dette française est très-minime ; elle a été liquidée avec bonheur par un jeune diplomate qui jouit dans l'Amérique centrale d'une réputation de loyauté chevaleresque. M. Tallien de Cabarrus, consul général et chargé d'affaires de la France pour l'Amérique centrale, a, par son influence personnelle autant que par sa position, réglé à la satisfaction des deux parties les différends franco-honduriens.

Aussi peut-on dire hautement que le Honduras n'a pas de dette publique.

CHAPITRE V.

Richesses minérales. — Commerce. — Agriculture. Industrie.

Les imaginations ardentes, les rêveurs poursuivant les splendeurs des Mille et une Nuits seraient certes en pleine réalité si, transportés par une baguette magique au Centre-Amérique, ils pouvaient, nouveaux Asmodées, sonder les profondeurs d'un sol qui recèle l'or et l'argent en si grande abondance que, pendant trois siècles, la couronne d'Espagne y puisa à pleins coffres le métal dont elle emplissait ses galions.

Ici, pas plus que dans aucune des parties de notre travail, nous ne craignons la critique ni la contestation ; appuyés sur les auteurs les plus remarquables, éclairés par les hommes de science, nous ne confirmons d'ailleurs que ce que nous avons pu vérifier dans nos voyages en ce riche pays.

Le Honduras est le pays minier par excellence, et tous les métaux précieux semblent s'être réunis dans les flancs de la Cordillère.

L'opale s'y trouve en si grande abondance, que les Indiens ne cherchent même pas à l'utiliser; quant au cuivre, il y existe à son véritable état natif.

4

Jamais il ne nous a été donné de comprendre pour quel motif la Californie avait été préférée au Honduras. Jamais nous n'avons pu nous expliquer qu'un courant d'émigration ne se fût pas établi vers l'Amérique centrale.

Malheureusement, ce pays si riche était naguère inconnu. Il y a dix ans à peine, les navires français n'abordaient qu'une fois par an dans les rades du Pacifique; le Salvador et le Honduras semblaient des parias repoussés par la civilisation.

Aujourd'hui tout a changé ; les mines, fermées depuis l'expulsion des Espagnols, se rouvrent, les capitaux affluent, et le chemin de fer aidant l'exploitation des gisements aurifères et argentifères du Honduras, les destine à la plus grande productibilité. Pendant notre séjour dans l'Amérique centrale, nous nous trouvâmes en relation avec des Indiens de la province du Yoro, venus au marché de San Antonio, foire célèbre qui se tient auprès de Sonsouate. Ces indigènes apportaient une grande quantité d'or, qu'ils échangeaient avec l'agent consulaire de France, M. Henri Gabriac, contre des eaux de vie et des boissons européennes.

Un de leurs chefs, auquel je demandais la provenance de ces riches pépites, m'avouait avec la bonhomie insouciante de sa race, que chaque année, à la saison hivernale, sa femme lavait dans une sébile les alluvions du Yoro, et que ce travail de quelques jours suffisait largement aux nécessités annuelles de sa famille.

Avant notre arrivée dans l'Amérique centrale et pendant la traversée de Southampton à Saint-Thomas, M. Laur, ngénieur des mines, envoyé par l'Empereur au Centre Amérique et se rendant alors au Mexique, nous avait aussi parlé des richesses fabuleuses qu'une exploitation raisonnée et régulière des gisements du Honduras devait nécessairement amener.

Notre conviction raisonnée, assise sur l'expérience et la connaissance du pays, nous fait espérer que, lorsque les remblais et les déblais forcément exécutés pour la construction du chemin de fer seront en exécution, on trouvera sur presque tout le parcours de la république des filons d'une richesse prodigieuse qui amèneront une émigration considérable et des bénéfices qu'il n'est pas possible de calculer.

Nous ne pouvons que répéter ici ce que nous avons écrit en 1867, faire un résumé de notes prises sur les lieux.

Notre travail, fait à la hâte, n'a pas du reste la prétention d'être une étude spéciale, mais de jeter la lumière sur l'ensemble des avantages que l'exploitation du Honduras par le capital européen doit fatalement lui assurer.

La situation géographique de la belle contrée dont nous étudions les ressources, indique, au premier coup d'œil, l'existence de richesses minérales d'une grande importance. Nous avons dit que la chaîne des monts américains traversait entièrement le Centre-Amérique, du nord au sud; elle établit entre le versant qui s'incline vers le Pacifique, et celui qui s'incline vers l'Atlantique, une barrière gigantesque, haute de plusieurs milliers de mètres, et projetant à droite et à gauche des contreforts puissants, dont plusieurs viennent finir en pente douce jusqu'au bord de la mer.

D'opulentes vallées s'étendent entre ces masses granitiques composées de volcans éteints ou sur le point de s'éteindre, et qui recèlent dans leurs flancs des richesses de toute nature à peu près inexplorées.

La chaux, le grès, la pierre de taille existent là en

quantités inépuisables, et fourniront toujours les matériaux nécessaires aux travaux d'art de toute nature, canaux, quais et chemins de fer.

Le charbon de terre se rencontre au Salvador et au Honduras. Dans la plaine de Senseati, qui dépend de cette dernière république, on le trouve en filons d'une grande épaisseur, qui passent à quelques mètres à peine au-dessous de la surface du sol. On pourrait l'extraire sans aucun de ces travaux si coûteux et parfois si décourageants, que nécessitent les houillères de l'ancien continent.

On rencontre encore dans la vallée des Cordillères des pierres précieuses, et notamment des opales. Celles du Honduras sont d'une grande pureté et fort estimées des joailliers européens. Malheureusement les Indiens qui se livrent à la recherche de ces beaux cristaux, brisent les plus gros pour augmenter le nombre des objets qu'ils livrent au commerce. On leur fera difficilement comprendre qu'ils diminuent ainsi leur bénéfice d'une façon notable, et qu'une belle opale en vaut cent petites.

Le fer se trouve partout en grande abondance, et certains échantillons de minerai sont tellement purs de toute substance étrangère, qu'on peut les mettre directement à la forge et en fabriquer des instruments agricoles, sans les faire passer par la fonderie.

Les mines de cuivre de Guanacaste, dans le Honduras, sont d'une grande importance; il en est de même des riches filons de ce métal qu'on rencontre dans les environs de la baie de Fonseca.

Le platine se trouve aussi dans le département de Gracias, qui fait partie du Honduras. Il en est de même du cinabre.

Les îles de Guanaja et de Roatan fournissent du zinc en grande abondance.

Mais les productions minérales les plus remarquables du Centre-Amérique sont certainement l'or et l'argent.

Les gisements les plus riches nous semblent ceux que renferment les plateaux du Honduras et le sol du département de San-Miguel, une des dépendances du Salvador. Les mines de Tabanco et de Los Encuentos, près San-Miguel, passent pour inépuisables.

Nous donnerons ici quelques renseignements sur la nature des différents minerais, renseignements que nous avons pris sur les lieux même.

L'argent du district de Yuscaran est mélangé presque toujours d'une grande quantité de platine. Chaque tonneau de minerai donne de 650 à 1,420 onces de métal pur par tonne.

Le métal de Yuscaran contient parfois du zinc et du fer à l'état natif ou converti : le zinc en sulfure, le fer en oxyde.

Les mines du Coloal, les plus remarquables du département de Gracias, fournissent un argent mêlé de sulfure de cuivre et même de cuivre noir. Chaque tonneau produit 80 onces d'argent environ et cinquante pour cent de cuivre.

A San-Miguel l'argent est extrait, le plus souvent, sous forme de sulfure ; il est aussi mélangé de fer, de plomb et de sulfure de plomb. Quand on le rencontre à l'état natif, ce qui arrive assez fréquemment, il est accompagné de pierres vertes et de cristal de roche.

Quant aux mines d'or, elles sont aussi nombreuses

que les mines d'argent, et ne contiennent pas moins de richesses.

En 1859 ou 1860, on a tiré de celles de Juticalpa, depuis longtemps abandonnées, une quantité de métal d'une valeur de 700,000 francs.

A Olancho, on pratique le lavage avec succès ; le sable aurifère est tellement riche que les Indiens industrieux ont opéré à nouveau sur des graviers ayant subi des manipulations, et en ont tiré des quantités notables de métal pur.

De tout temps ces richesses naturelles ont été exploitées avec plus ou moins d'activité et de bonheur.

Les Espagnols, après la conquête, ne tournèrent pas seulement leurs efforts vers les mines du Mexique et du Pérou; ils exploitèrent, avec le plus grand succès, celles du Centre-Amérique. Les historiens qui ont étudié le développement de la colonisation du nouveau monde nous ont transmis de curieux détails sur la mine célèbre du *Corpus*, qui produisait une immense quantité d'argent. Le gouvernement de la métropole y avait établi les bureaux d'une trésorerie spéciale, qui percevait, à son profit, un cinquième sur tous les produits de cet établissement resté célèbre dans les deux Amériques.

Les vestiges du *Corpus* se voient encore ; ils sont situés sur le territoire du Honduras.

Le centre aurifère de Guayope, jadis si fécond, a subi le même sort que le *Corpus*. Des entrepreneurs arrivés d'Europe ont tenté pourtant de reprendre les travaux de la mine de Juticalpa, qui en fait partie,

Nous avons dit combien ce résultat a été heureux.

Les recherches des Espagnols furent plutôt dictées par une véritable rapacité que conduites avec intelligence. Pou donner une idée des espérances dont les berçait la soif de l'or, nous transcrivons le récit suivant de Thomas Gage : « Il y eut un gentilhomme qui s'imagina avoir découvert, dans le voisinage de Chiquimula, un grand trésor capable de l'enrichir, lui et tous ceux du pays; il s'était persuadé que le métal qui brûlait dans le volcan était de l'or. Il fit faire un grand chaudron et l'attacha à une chaîne de fer, afin de le descendre au bas de l'ouverture de la montagne, pensant qu'il le retirerait plein de cet or en fusion, avec lequel il achèterait un duché et enrichirait sa famille; mais la force du feu fut si grande qu'il n'eut pas sitôt descendu le chaudron qu'il se détacha de la chaîne et fut aussitôt fondu. » Ces rêves insensés firent que les chercheurs de métaux précieux négligèrent parfois des explorations que le travail pouvait rendre fécondes, et s'acheminèrent vers la région des chimères.

Aussi, sur tous les points de ce beau pays du Centre-Amérique, on rencontre des mines abandonnées à une époque antérieure à la guerre de l'Indépendance et pendant la décadence de la monarchie espagnole en Europe. L'eau a envahi les galeries presque toujours peu profondes, et que des travaux hydrauliques pourraient assécher et rendre à l'industrie.

Les travailleurs européens, protégés avec intelligence par les gouvernements locaux, s'efforcent, il faut bien le reconnaître, de réparer le mal causé par l'incurie des anciens oppresseurs du pays.

La maison Whitte de Londres exploite avec succès les mines du Nicaragua ; une autre maison anglaise tire de grands bénéfices de celle du Guatemala.

Au Honduras, M. Herran fils, qui représente les intérêts

d'une compagnie française, tente, avec un savoir que dépasse seule son énergie, de relever une industrie qui fera la fortune du pays. Il trouve près du général président Medina une protection inspirée autant par une bienveillance naturelle que par un patriotisme prévoyant.

Cette exploitation, soumise, dès le début, à des vicissitudes diverses, prend aujourd'hui, grâce à l'ingénieur en chef M. Le Chatelier, une marche progressive, qui réparera les fautes du passé, et tiendra les espérances que le capital doit attendre de filons très-riches, exploités avec science et loyauté.

La Société française des mines du Crédit Mobilier doit désormais compter sur de fructueux dividendes, et, nous n'en doutons pas, elle prendra bientôt place parmi les exploitations argentifères les plus considérables du nouveau monde.

Deux causes ont, suivant nous, retardé la complète rénovation de l'industrie minière dans le Centre-Amérique : d'abord, les guerres civiles, aujourd'hui éteintes pour toujours, grâce à la fermeté des gouvernements et à l'esprit conservateur des populations. Longtemps elles ont enlevé des bras à l'agriculture et à l'industrie, amené la ruine des voies de communication existantes, empêché l'établissement de celles que le temps rendait nécessaires. Ainsi dans le Honduras on manquait de routes carrossables : on a dû abandonner, au milieu des ravins, plusieurs machines apportées d'Europe et destinées aux districts miniers les plus importants; puis au milieu de luttes intestines, certains établissements ont été pillés. Hâtons-nous de dire que ces événements ne sont plus que des souvenirs et que les dommages qui en ont été les conséquences ont été réparés avec munificence par les gouvernements.

Une seconde cause, qui n'est que le corollaire de la première, a retardé l'extension de l'industrie dont nous examinons la situation présente. C'est la simplicité par trop rudimentaire des procédés d'extraction, de lavage, de manipulation des matières métalliques. Les entrepreneurs européens ont hésité avant de compléter leur outillage, arrêtés qu'ils étaient par la situation politique du pays. Il en est résulté que peu de mines, à l'exception de celle exploitée par M. Herran et par le Crédit Mobilier, ont été ouvertes suivant les errements scientifiques et sur une échelle pouvant rendre fructueuses des opérations toujours longues par leur nature.

Au Centre-Amérique, on manque encore, le plus souvent, de machines pour extraire les eaux; il faut employer à ce travail des Indiens qui s'en acquittent au moyen de seaux en cuir et perdent un temps considérable ; procédé coûteux, malgré le bon marché de la main-d'œuvre. Puis les excavations sont si peu profondes qu'un homme peut à peine y travailler.

Quant aux masses minérales, elles sont broyées à l'aide de meules ou de machines grossières, mises en mouvement par des bœufs.

Un ingénieur envoyé par le gouvernement français dans les différents centres de productions de métaux précieux, M. Laur, a fait, sur le sujet que nous ne faisons qu'esquisser ici, un travail spécial plein de faits, de chiffres, et qui deviendra certainement d'une grande utilité pour l'avenir.

Espérons que cette publication sera le point de départ d'une nouvelle étape dans la voie du progrès. Si les Européens comprennent enfin l'importance, ou pour mieux dire, la nécessité absolue du chemin de fer interocéanique de Puerto-

Caballos à la Union, une révolution complète s'opérera dans la production des mines du Centre-Amérique et spécialement de celles du Honduras et du Salvador.

Alors les capitaux afflueront, les machines venues d'Europe seront hissées sur les flancs de la Cordillère, et la vieille chaîne de montagnes, éventrée, livrera enfin à l'industrie l'or et l'argent qui forment ses entrailles.

Pour tout voyageur ayant examiné, même superficiellement le terrain de l'Amérique centrale, la présence de terres minérales est partout certaine, et il reste hors de doute que les nombreux travaux de déblais et remblais, que nécessitera la construction du chemin de fer du Honduras, amèneront des découvertes d'une richesse extrême.

Si le pays était plus connu de nos compatriotes, nous nous permettrions de faire des calculs, qui, quoique pessimistes, paraîtraient tellement fabuleux, qu'ils sembleraient un conte des Mille et une Nuits.

Le commerce entre l'Europe et les pays intertropicaux se résume généralement en échanges des produits de l'industrie qui est le partage de notre climat tempéré contre les produits de la culture des plantes exubérantes des pays chauds, culture dont le travail facile est le lot que la nature a fait aux habitants de ces heureuses contrées.

Le commerce international du Honduras suit cette loi générale; il y a donc lieu d'examiner l'état de l'agriculture de ce pays.

La nature du sol de la contrée et sa température spéciale qui, suivant la position topographique des plaines ou des vallées, est tantôt chaude, comme il sied à la zone intertropicale, tantôt tempérée comme le midi de l'Europe, le rendent propre à l'une et à l'autre culture.

Le blé, le maïs, toutes les plantes potagères de l'Europe croissent au Honduras et sur les points un peu élevés de l'Etat à côté des productions indigènes. Le prunier se trouve à l'état sauvage ainsi que la vigne. Les figuiers, les pêchers, les cognassiers y sont cultivés dans les jardins comme aux environs de Paris.

Les animaux domestiques, ces auxiliaires indispensables de l'agriculture, sont pareils à ceux de l'Europe, d'où ils tirent leur origine. On y trouve le cheval, l'âne, le mulet, le bœuf, le mouton, la chèvre, le porc. Les pâturages étant beaux et nombreux dans les grandes vallées comme celles de l'Ulua et du Goascoran, ils s'y multiplient volontiers.

On a une paire de bœufs pour 100 ou 120 francs, un cheval pour le même prix. Disons en passant que les animaux sauvages du nouveau monde sont inférieurs de beaucoup en grandeur et en férocité à ceux de l'ancien continent et qu'ils ne sont nullement à craindre au Honduras.

Les plantes médicinales sont précieuses, bien que les habitants n'en aient pas encore tiré grand parti. La salsepareille est abondante, la vanille croît sans culture dans les forêts de l'Etat et pourra faire un jour l'objet d'une spéculation importante.

La canne à sucre est indigène et croit indifféremment dans le fond des vallées et sur le sommet des montagnes. Elle est moins grosse et plus tendre que la canne des Antilles et de la Louisiane : elle contient par cela même plus de jus et donne un sucre plus fin et plus délicat.

Elle n'a besoin d'être remplacée qu'après dix ou douze années de culture.

Malheureusement les moyens de fabrication sont élémentaires et peu répandus.

Le riz vient partout où on le sèmé.

Le cacao est indigène, il croît naturellement dans les forêts; sa culture, autrefois très-étendue a été abandonnée et ne peut manquer d'être reprise.

A Santa-Rosa on a créé depuis trois ans des plantations de café qui s'élèvent à plusieurs millions de pieds. Il existe dans la contrée plusieurs plantations de cette importance et ce café est aussi bon et même meilleur que celui de Costa-Rica.

La culture du tabac est libre; le meilleur est celui des environs de Santa-Rosa et de Copau. Sa qualité est excellente et il serait facile d'en fournir au gouvernement français. Il se vend sur place 5 et 6 piastres les 50 kilogrammes à l'état de tabac vieux. Quand il est de l'année, il vaut beaucoup moins cher; on en trouve de très-bon pour 2 piastres les 50 kilogrammes.

L'indigo est l'objet d'un immense commerce.

Il est indigène et sa culture est d'une extrême simplicité. On brûle préalablement la superficie du sol comme le font souvent les Arabes d'Algérie; on laboure et on sème. La plante lève aux premières pluies; quatre mois après elle atteint une hauteur de 1 à 2 mètres et elle est bonne à faucher. Le regain est plus riche encore que la première coupe. Pour réduire la plante en indigo marchand, il faut préalablement la traiter dans des bassins comme le chanvre de nos contrées.

La presque totalité de l'indigo exporté du Centre-Amérique est achetée aux foires de l'Etat du Salvador, qui ont lieu à Sansutepèque, Chanatenango et San-Miguel. Dans cette dernière ville, on peut acheter pour 15 millions d'indigo à la seule foire de décembre.

Mais le coton est de tous les produits du sol celui qui promet le plus grand avenir.

Nous préparons un travail spécial sur cette question. Nous dirons seulement aujourd'hui que, si l'eau et le soleil sont indispensables à cette culture, dans aucun pays du monde ces deux conditions vitales de production n'alternent comme au Centre-Amérique. Ici les gelées ne sont point à craindre comme dans d'autres climats. La saison des pluies est marquée d'une façon invariable et les émanations salines de l'Océan sontfavorables à la variété du coton dit Sea Island, qui, cultivé au Honduras sur une large échelle, permettra, non moins que le coton courte soie, de tripler l'exportation du pays.

Après ces produits viennent les bois de teinture, ceux d'ébénisterie et de construction. Cette partie du Centre-Amérique n'a rien à envier sous le rapport de la richesse forestière aux républiques voisines ; mais le mouvement de cette marchandise encombrante se fait sur les bords de l'Atlantique. Pourtant une grande compagnie américaine a établi dans la baie de Fonseca une usine avec machine à vapeur pour débiter les bois provenant des pays environnants.

Ces bois sont d'une grande dureté et d'un usage précieux, ainsi qu'on en a fait l'expérience il y a plusieurs années, à Cherbourg.

Dans le chapitre suivant nous indiquerons les essences et les richesses forestières qui font du Honduras, avec les richesses minérales, un des plus beaux pays de la terre entière.

CHAPITRE VI

Le Chemin de fer.

Il est maintenant convenable d'examiner le projet de chemin de fer interocéanique du Honduras, qui joindra le golfe de ce nom à la Union, port principal du Salvador, situé dans la baie de Fonseca, sur le Pacifique.

Il y a quelques années, un savant américain, parcourant le cours supérieur du fleuve San-Miguel, dans le département de ce nom, fut surpris de ressentir au fond des vallées des brises venant du nord.

Pourtant les lignes bleues des Cordillères lui semblaient former de ce côté une clôture complète. Monté au haut d'un pic et armé d'un télescope, il fouilla soigneusement l'horizon et aperçut dans la chaîne des montagnes une discontinuité fortement prononcée, une coupure nette et profonde, quelque chose comme cette échancrure des Pyrénées, que les légendes prétendent être l'œuvre de la Durandal, l'épée puissante de Roland.

Cette découverte amena à constater que deux fleuves importants, le Rio-Uloa d'une part, le Rio-Goascoran de l'autre, chacun en sens contraire, et dans la même vallée, coulaient, l'un vers l'Atlantique et l'autre vers le Pacifique, et que la nature avait rompu complétement en cet endroit la chaîne des monts américains et créé, du nord au sud, une voie toute prête pour placer les rails du chemin de fer interocéanique ; enfin, que ce chemin diminuerait d'une façon notable la longueur du trajet de Paris à San-Francisco, et aboutirait forcément à la Union dans la merveilleuse baie de Fonseca.

Nous avons nous-même parcouru avec soin cette suite de vallées, et recueilli des notes précieuses sur l'établissement possible de cette grande voie de communication.

Le chemin projeté commencerait au nord à Puerto-Caballos, qui s'ouvre sur l'Atlantique, lat. N. 15° 49' et long. O. 87° 57'. Cortez, lors de son expédition dans le Honduras, le choisit comme le meilleur port de tout le pays; il était connu alors sous le nom de Nouvelle-Espagne.

Ce port, ou plutôt cette baie, n'a pas moins de 9 milles de circonférence et une profondeur presque constante de 12 brasses. Au nord, la profondeur est plus grande encore, et, en y construisant des docks, les plus grands *steamers* pourraient y embarquer et débarquer leurs cargaisons plus facilement que dans les docks de New-York, d'autant mieux que, dans cette partie de la baie de Honduras, le mouvement de la marée est presque imperceptible.

Le voisinage offre des eaux excellentes et abondantes; le sol est fertile et peut fournir tout ce que nécessite l'entretien d'une grande ville.

De Puerto-Caballos le tracé se dirige vers la vallée du Rio-Humaya, qu'il remonte dans la direction du midi. Le terrain de cette vallée est ferme et les cours d'eau roulent sur des lits de sable et de gravier. On n'y rencontre pas de ces marais sans fond qui ont obstrué le chemin de Panama et occasionné de si coûteux travaux et de si regrettables sacrifices d'hommes.

Aucun de ces travaux ne se trouve sur toute l'étendue de la ligne.

On joint bientôt Santiago. A partir de ce point, la vallée se trouve resserrée entre des collines qui atteignent parfois une hauteur de 500 pieds et descendent en quelques endroits jusqu'à la rivière ou reculent en formant des plateaux qui sont à l'abri des inondations. Le pays environnant est généralement boisé et plus propre au pacage qu'à la culture. Les collines sont couvertes de pins et de chênes et sur les bords des rivières se trouvent de grandes quantités d'acajous, de cèdres, de *guanacuastes*, de caoutchouc et autres arbres précieux.

Enfin on arrive à la plaine de Comayagua, magnifique pays, riche, cultivé et populeux. Cette belle contrée, située à moitié chemin des deux Océans, rend facile l'entreprise projetée et lui réserve des ressources de toute nature, tant au point de vue de la construction du chemin, qu'à celui du transit et du revenu futur. La plaine, d'une longueur de soixante kilomètres sur une largeur de vingt-deux, est bordée de hautes montagnes qui lui donnent un climat froid, égal et salubre. Elle est extrêmement fertile; ses produits sont essentiellement tropicaux, et elle a jadis nourri une grande et industrieuse population.

La ville de Comayagua, anciennement nommée Valladolid, a été fondée en 1540 par les Espagnols. Avant les guerres sanglantes de l'indépendance, elle comptait 28,000 habitants. Son fondateur, Alonzo Cacerès, avait reçu mission « *de fonder à mi-chemin des deux Océans une ville qui établît une communication facile entre le Pacifique et l'Atlantique.* »

On voit que ce projet, réalisé alors dans la mesure des

besoins du passé, pourrait bien, à trois siècles de distance, être l'objet d'une exécution complète.

Après Comayagua, on atteint le point culminant entre les deux Océans. Là se trouvent, au milieu d'une prairie couverte de bétail, deux cours d'eau, séparés de cent mètres à peine et qui coulent dans deux directions différentes comme nous l'avons dit précédemment.

Un ouvrier actif pourrait, avec une bêche, en changer la direction en un jour de travail. Les difficultés qu'on rencontre en cet endroit, les seules réelles de tout le parcours, peuvent être vaincues facilement par des tranchées latérales, dans une roche friable, sablonneuse, ayant l'apparence et la contexture de la craie qui cède promptement sous le pic.

La pente la plus rapide du chemin projeté serait de 11 mètres par kilomètre, tandis qu'on trouve des pentes de 12 mètres sur le chemin de Panama, et de 23 mètres sur celui de Baltimore et Ohio.

Presque tous les matériaux nécessaires à la construction du chemin existent sur la ligne. On y trouve d'immenses carrières de marbre et de grès, ainsi que des bois de charpente variés. On rencontre le long de la section nord du tracé de nombreux coupeurs d'acajou, gens sobres, durs à la peine, disciplinés, habitués à déblayer le sol et à construire les routes. Pour les travaux du versant sud, on sait que cette partie du Centre-Amérique est relativement la plus peuplée.

Cette nouvelle voie n'est pas préconisée seulement à cause de l'intérêt des pays qu'elle traverse, mais plus encore parce qu'elle est nécessaire et utile au commerce des deux mondes. Grâce à elle, on évitera les deux tiers des ennuis, des frais et des extorsions d'un voyage en Californie par la voie de Panama : changement continuel de moyens de transport, transbordement sur d'autres bateaux à vapeur ou sur les wagons du chemin de fer, enfin quatrième mutation sur les petits bateaux qui nagent quelques milles pour atteindre les steamers dans la baie de Panama.

M. Médina, président de la république du Honduras, est, on le sait, aussi jaloux de la prospérité commerciale que de l'indépendance de son pays.

Dans les voyages, c'est le temps et non la distance qu'il faut mesurer ; on apprécie les traversées par nombre de jour et non par kilomètres. Le temps du voyage peut être diminué par l'existence de bons ports où les bâtiments peuvent charger et décharger leur fret et leurs passagers avec rapidité sur des quais convenables et non au moyen de petits bateaux d'allége. Les ports, facilement accessibles et à l'abri des influences contraires des vents périodiques, sont encore un moyen d'économie de temps. Notons encore l'absence de transbordements qui amènent des délais fatigants.

Le chemin projeté par l'État du Honduras réunit toutes ces conditions, qui n'existent pas pour celui de Panama; et, de plus, il diminue de douze jours le temps du voyage de Paris à Acapulco, Mazatlan et San-Francisco.

L'extension de la ligne des transatlantiques français sur le Pacifique, que nous ne cesserons de recommander, trouverait un grand secours dans la construction du chemin du Honduras. Nous serions affranchis désormais de l'exploitation rapace qui nous attend sur le chemin de Panama. Au lieu de transbordements dangereux en deçà et au delà de l'isthme, nous aurions les avantages maritimes de la rade de l'Union, au centre de la merveilleuse baie de Fonseca. Ce golfe, le plus beau et presque le seul refuge du Pacifique, sera un jour le centre du transit pour la Californie, le Pérou, le Chili et même l'Australie et la Cochinchine.

Enfin un intérêt plus grand encore, s'il est possible, que l'intérêt commercial, se relie à l'exploitation du Pacifique par les transatlantiques français et à la création d'un nouveau chemin de fer dans le Centre-Amérique. Les Américains du Nord n'ont pas devancé les Européens à Panama dans le seul but de se créer de gros dividendes, mais encore pour se préparer à toute lutte avec l'ancien monde et avec la France. Une guerre maritime éclatant, l'unique voie ferrée de l'isthme reste à nos adversaires. Le Pacifique nous est fermé, car les munitions de guerre et les hommes n'y peuvent alors arriver que par le cap Horn ; nos établissements dans ces contrées sont éloignés de nous de toute la longueur du voyage, et nous ne pouvons plus secourir nos nationaux ni ravitailler nos escadres. La possibilité de ces événements montre toute la duplicité de la combinaison des yankees dans la construction du chemin de Panama, et nous sommes heureux que de longs et pénibles voyages nous aient permis de dénoncer cette situation à nos concitoyens.

Les garanties offertes aux prêteurs sont exceptionnelles; elles reposent sur l'hypothèque, la coupe des bois évaluée à un minimum de deux cents millions, l'exploitation des mines et les revenus de la voie ferrée.

Nous emprutons à ce sujet un rapport du capitaine Bedford Pim, de la marine royale anglaise :

REVENUS DU CHEMIN

50,000 passagers, à 17 dollars......	850,000 dollars.
80,000,000 de dollars, à 1/4 p. 0/0..	200,000 »
Malles anglaises et américaines.......	150,000 »
10,640 tonnes de marchandises à grande vitesse (à 25 dollars par tonne)....	266,000 »
100,000 tonnes de marchandises à la vitesse ordinaire (à 22 dollars par tonne)........................	2,200,000 »
Commerce de l'Amérique centrale (soit 2 0/0 sur 6,000,000 de dollars)...	120,000 »
Passage et trafic local...............	50,000 »
Total.....	3,836,000 dollars.
A déduire : Frais d'exploitation.......	600,000 »
Annuités au gouvernement de Honduras..........	50,000 »
Total net.......	3,186,000 dollars.

Certes, ces évaluations ne sont pas exagérées. Il suffit, pour s'en convaincre, de se rappeler l'importance du trafic qui se fait à travers l'isthme de Panama, et, partant, l'importance des bénéfices que les Etats-Unis tirent du chemin de fer qu'ils y ont établi.

Nous extrayons, en outre, d'un article de l'*Evening Standard*, rapporté par le *Moniteur*, les détails suivants :

« Le montant des valeurs que la Grande-Bretagne a ti-
» rées par cette voie, pendant l'année 1864, de la Colom-
» bie britannique, de la Californie et de la côte occidentale
» mexicaine, ne s'est pas élevé à moins de 9,143,676 livres

» sterling, ou 228,591,000 francs. Durant la même période, » 99 bâtiments anglais, jaugeant ensemble 71,049 tonneaux, » ont abordé à Panama, sur la côte occidentale, et y ont » payé les droits. Sur la côte orientale, il a abordé 239 na- » vires jaugeant 248,811 tonneaux, et qui ont payé les » droits à Colon (Aspinwall).

» La Grande-Bretagne a un service régulier de 4 stea- » mers partant pour Colon : deux de Southampton et deux » de Liverpool ; mais ce n'est qu'un faible échantillon du » trafic des Anglais par Panama. Au total, 355 bâtiments » ont abordé et payé les droits à Panama, et 556 ont abordé » et payé les droits à Colon pendant l'année dernière. Le » tonnage total dans les deux ports a été de 852,202 ton- » neaux. Le commerce de transit consiste en objets manu- » facturés d'Europe et des États-Unis, en métaux précieux » de Californie, de la Colombie britannique, etc., etc. Le » chiffre total du transit s'est élevé, pour 1864, à » 19,954,000 livres sterling, ou 498,850,000 francs, et le » commerce dans l'isthme même à 20,400,000 livres ster- » ling, ou 510,500,000 francs. »

TABLEAU DES DISTANCES RACCOURCIES PAR L'ISTHME

	DISTANCES EN LIEUES MARINES		Abréviation de la distance.
	Par le cap Horn.	Par l'isthme de l'Amérique Centrale.	
De Constantinople à San-Francisco....	7.600	3.800	3.800
De New-York à San-Francisco........	5.350	1.750	3.600
D'Odessa à San-Francisco............	7.800	4.000	3.800
De Londres à San-Francisco et Vancouver...........................	6.800	3.300	3.500
De St-Pétersbourg à San-Francisco et Vancouver......................	7.600	4.100	3.500
De Marseille à San-Francisco et Vancouver...........................	6.700	3.200	3.500
De Gênes à San-Francisco et Vancouver	6.[illegible]00	3.200	3.500
De Hambourg à San-Francisco et Vancouver...........................	6.950	3.450	3.500
Du Havre à San-Francisco et Vancouver...........................	6.500	3.200	3.300
De la Nouvelle-Orléans à Callao (Lima)	4.800	1.100	3.700
De New-York à Canton..............	6.800	3.200	3.600
Du Havre à Canton.................	7.800	5.000	2.800
De New-York à Yedo...............	6.600	3.200	3.400
Du Havre id.	7.600	4.200	3.400
De St-Pétersbourg id.	8.000	5.000	3.000
De Marseille id.	7.100	4.100	3.000
De Trieste id.	7.350	4.350	3.000
D'Amsterdam id.	7.200	4.800	2.400
Id. à Batavia..............	7.850	5.050	2.800
De Londres aux îles Sandwich........	6.000	3.200	2.800
Id. à Sydney	6.600	4.400	2.200
Du Havre aux îles Marquises.........	5.200	3.200	2.000
De Cadix à Manille..................	6.800	4.800	2.000
De Bordeaux et du Havre à Valparaiso	4.400	3.000	1.400

RAPPORTS

Extrait du rapport sur le chemin de fer inter-océanique du Honduras de M. James Brunlees.

MESSIEURS,

Mr. Mercer et Mr. Mc Candlish sont revenus du Honduras, où ils étaient allés avec mission de parcourir et étudier la ligne du Chemin de fer projeté, ainsi que les forêts d'acajou.

Ils rapportent des documents qu'ils ont recueillis avec le concours de Mr. Emerson, ingénieur, chargé d'explorer les mines. Je suis donc aujourd'hui à même de me rendre au désir que vous m'avez exprimé, l'année dernière, de vous faire un rapport général sur les Ports, le Chemin de fer, les Forêts et les Mines du Honduras.

PORTS.

Rien que l'examen des cartes m'autorise à dire qu'il y a d'excellents ports à chaque extrémité de la ligne, et les études faites par Mr. Mercer confirment mon opinion. Mr. Mercer dit que Port-Cortez sur l'Atlantique et Fonseca sur le Pacifique sont des ports excellents. Tous les deux sont d'un abord facile et bien protégés ; ils offrent une profondeur très-suffisante et sont munis de quais qui peuvent être restaurés et étendus à peu de frais.

CHEMIN DE FER.

Le Chemin de fer projeté a une longueur de 240 milles, et doit être établi sur une seule voie, avec des voies d'évitement en quantité suffisante. La pente la plus forte sera de 1 sur 40.

La ligne part de Port-Cortez sur l'Atlantique, et, à 36 milles de là, elle atteint San-Pedro, où se sont déjà établis un nombre considérable d'émigrants venant des États du Sud de l'Amérique. Beaucoup d'autres émigrants n'attendent que le jour où la construction du Chemin de fer sera assurée pour venir se fixer en masse dans le Honduras. La ligne parcourt ensuite la vallée que forme la rivière Humaya jusqu'à la ville centrale et importante de Comayagua, d'où elle atteint le sommet de Rancho-Chiquito. De là elle descend la vallée de la rivière Goascoran, pour aboutir à la baie de Fonseca sur le Pacifique.

Mr. Mercer dit que ce pays est très-propre à la culture du sucre, de l'indigo, du café, du cacao, du riz, etc., et il ne met pas en doute qu'aussitôt après l'ouverture de la première section de la ligne jusqu'à Santiago, les recettes brutes (tant en marchandises qu'en voyageurs) ne suffisent au paiement d'une partie considérable des intérêts de l'emprunt.

PLANS ET SECTIONS.

Mr. Mercer a pris pour base de ses estimations les plans, sections et rapports de Mr. Tantwine et de Mr. Wright ; mais comme ces derniers n'ont fait que des études préliminaires, il trouve que les travaux pourraient être de beaucoup diminués en choisissant avec soin la direction de la ligne. Mr. Mercer est entré dans des détails complets sur les différentes sections de cette ligne, et je suis d'avis qu'il est fondé à dire que les terrassements sur toute la longueur peuvent être réduits de 50 0/0.

Le nombre des tunnels, des ponts, etc., sera en général considérablement diminué, si l'on a recours à des pentes et à des courbes plus fortes.

Le prix de transport des rails, y compris l'assurance, etc., sera de 35 à 40 schillings par tonne jusqu'à Port-Cortez, et de 60 à 70 schillings par tonne jusqu'à la baie de Fonseca. On peut se procurer des traverses soit en pin, soit en bois dur du pays, dans le voisinage immédiat du chemin de fer, à un prix très-raisonnable. Le ballast est abondant tout le long de la ligne dans les lits des rivières et dans les ruisseaux traversés par la voie, de sorte qu'on n'aura pas besoin de le porter à une grande distance. Comme il y a peu de routes propres aux charrettes et comme une partie des matériaux destinés à la construction du Chemin de fer devra être transportée à dos de mulet, une marge considérable a été laissée dans les estimations faites à ce sujet. Quant aux stations, quais et autres travaux mentionnés à l'article 13 du Cahier des charges, j'en ai évalué la dépense à £ 100,000.

Il paraît que les ouvriers sont peu nombreux dans le pays même, mais il est facile d'y faire venir des nègres des États du Sud, en payant d'avance leurs frais de voyage, et il y a tout lieu de croire que ces nègres, habitués déjà à la construction des Chemins de fer aux États-Unis, fourniront une main-d'œuvre supérieure à celle des indigènes de Honduras.

On trouve, sur tout le parcours de la ligne, de la pierre propre à bâtir ainsi que de la pierre à chaux.

En beaucoup d'endroits on fait d'excellentes briques, qui pourraient être facilement amenées sur plusieurs points de la ligne. L'estimation suivante du prix de construction est basée sur des calculs revus par Mr. Mercer.

ESTIMATION.

Déboisement tracé de la voie. . . .	£	10,000
Terrassements		638,862
Tunnels		43,500
Murs d'appui		50,000
Ponts.		120,000
Ponceaux, fossés, drainage, etc. . . .		150,000
Voie et Ballast		440,400
Passages à niveau et clôture		2,400
Télégraphe		12,000
Stations, gares d'évitement, ateliers . .		100,000
Matériel roulant		96,850
Matériel fixe et frais généraux		50,000
		1,714,012
Frais extraordinaires et imprévus, 10 %. .		176,401
Total	£	1,885,413

c'est-à-dire £ 7,850 par mille, soit 122,000 francs environ par kilomètre.

La somme ci-dessus doit, à mon avis, suffire aux travaux à exécuter.

FORÊTS D'ACAJOU.

Mr. Mercer s'est occupé ensuite des vallées situées plus bas. Il dit en parlant d'elles : « On ne peut douter qu'il n'y » ait beaucoup d'acajou et d'autres bois d'une grande valeur » dans les vallées des différentes rivières qui tombent dans » l'Atlantique. Ces arbres pourraient être coupés et flottés » sur ces rivières vers la mer, à un prix modéré ; mais, en » raison de l'étendue du pays où sont situées ces forêts, il » faudrait quelque temps pour organiser un système de » main-d'œuvre et de surveillance, de façon à expédier » régulièrement, à un taux rémunérateur, des cargaisons » d'acajou. En confiant, au contraire, l'exploitation de ces » forêts au Gouvernement, qui procurerait aisément, et à bas » prix, la main-d'œuvre désirable, et qui possède en outre, » par ses nombreux employés, un état-major complet de » surveillance, je suis certain qu'on pourrait compter sur » des envois réguliers d'une très-grande quantité de bois » précieux. Ces envois seraient ensuite considérablement » augmentés par l'emploi de moyens de transport perfec- » tionnés, tels que camions et chemins de fer américains. Le » système dont on se sert actuellement pour amener le bois » à la rivière est tout à fait primitif, et par conséquent » une exploitation qui pourrait être étendue avec avantage » se trouve limitée au voisinage des rivières. »

Mr. Emerson a examiné plusieurs mines dans les environs d'Aramecina. Après en avoir donné la description ainsi que le résultat de ses expériences, et expliqué l'outillage indispensable à l'exploitation de ces mines, il dit : « J'ai la plus » haute opinion de la production minière de ce pays, et je

» suis persuadé que six ou sept mines au moins pourraient
» être exploitées d'une manière régulière, et donneraient
» les résultats les plus satisfaisants. »

Le capital indispensable à l'exploitation de ces mines est évalué à £ 20,000 (fr. 500,000), plus £ 5,000 (fr. 125,000), pour machines et travaux nécessaires au broiement du minerai.

Extrait du Rapport du capitaine Robert Fitzroy, de la marine royale anglaise, au comte de Clarendon, sur le projet d'établissement d'un chemin de fer inter-océanique à travers le Honduras.

Ce rapport a été, sous forme de mémorandum, soumis au comte de Clarendon par l'honorable William Brown, représentant la ville de Liverpool au Parlement.

Le caractère général des diverses lignes proposées jusqu'à présent pour l'établissement, soit de chemins de fer, soit de canaux, est aujourd'hui parfaitement connu; il nous paraît donc suffisant de les récapituler brièvement, avant de passer aux détails relatifs au chemin de fer proposé, à travers l'État de Honduras.

Pour les voies ferrées, cinq lignes ont été proposées, dont une, celle de Panama, est exécutée.

1° *La ligne mexicaine.* Entre le golfe du Mexique et Téhuantépec, manque de bons ports; la ligne n'est pas dans la direction voulue pour relier entre eux les deux Océans.

2° *La ligne du Nicaragua.* Ports également défectueux, indépendamment d'autres objections.

3° *La ligne de Chiriqui et Dulce.* A de bons ports et semble avantageuse, mais n'a pas encore été soigneusement étudiée.

4° *La route de Panama.* C'est la plus courte traversée, la contrée la plus basse et la mieux située, mais ses ports sont insuffisants.

5° *La ligne du Darien.* Entre deux bons ports distants de

moins de 40 milles l'un de l'autre, mais ayant à escalader des hauteurs d'environ 900 pieds au-dessus de la mer.

On a songé aussi à creuser un canal entre la grande rivière Atrato et le Pacifique, mais un pareil travail exigerait un temps très-long.

Chacun de ces projets a eu et a encore de très-sérieux avocats, et l'un d'eux, celui de Panama, a été exécuté de manière à donner, tout récemment, à ses actionnaires un dividende annuel de 50 à 70 0/0 sur le capital souscrit.

L'entreprise d'un chemin de fer à travers le Honduras, sur laquelle M. Brown, membre du Parlement pour le Lancastre, vient d'attirer l'attention publique, offre des avantages frappants, évidents, quoique à peine mentionnés jusqu'ici.

Les plans très-complets, tant de la ligne entière que des ports excellents entre lesquels elle est située, ont été exécutés admirablement. Toutes les conditions qui concourent à faciliter l'établissement du chemin de fer sont donc connues ; quant aux difficultés, elles se résument à deux : 1° la grande élévation du point culminant du tracé qui est de 2,200 pieds ; 2° la longueur de la ligne qui est de 160 milles ; ces deux difficultés sont loin d'être insurmontables, et il ne s'agit que d'être fixé sur les moyens à employer pour les vaincre.

Avant de rechercher ces moyens, il est utile de jeter un coup d'œil sur la situation du Honduras, tant au point de vue géographique qu'au point de vue politique, deux considérations auxquelles sont subordonnées toutes les autres.

En regardant la carte, il est facile de se convaincre que le Honduras est aussi favorablement placé qu'aucune autre partie du grand isthme pour les communications avec l'Europe, l'Amérique du Nord et du Sud, la Chine, l'Inde et l'Australie, tandis que l'excellence de ses deux ports, à l'abord facile et sûr, lui donne sur elles une supériorité incontestable. La ligne projetée est entièrement comprise dans un seul et même État qui a délivré, il y a 70 ans, une charte dont les clauses sont très-favorables à l'entreprise.

Au point de vue spécial des communications avec l'Europe, on doit faire remarquer qu'un service de paquebots, traversant l'archipel des Indes occidentales et passant à la Jamaïque, trouverait un bon port de débarquement à Port-aballos, dans la baie de Honduras, où aboutira l'extrémité nord de la voie ferrée; sur l'autre versant, la baie de Fonseca, située dans la région des vents constants, est parfaitement placée pour servir de point de relâche dans un trajet direct à travers le Pacifique, soit vers la Chine, soit vers l'Australie. Enfin le climat, les productions, la population du Honduras, offrent plus d'avantages que n'importe quel autre point de l'isthme pour l'établissement d'une voie de communication inter-océanique.

Revenons maintenant à la longueur de la ligne et à l'élévation qu'elle devrait atteindre en certains points.

Examinons :

1° *La longueur.* — Elle serait, il est vrai, de 160 milles pour le chemin de fer du Honduras, tandis que celui de Panama n'en compte que 40 ; mais cette cause apparente d'infériorité disparaît, lorsque l'on compare aussi bien les frais de premier établissement et d'exploitation que les divers avantages des deux lignes.

Sur le chemin de Panama, à cause de la nature même du sol et des grands travaux de consolidation qu'il a nécessités et qu'il nécessite encore, les frais de premier établissement et d'entretien ont été et sont considérables.

Dans le Honduras, au contraire, pour des raisons tout opposées, la construction et l'exploitation de la ligne seront relativement, malgré la différence de longueur, moins dispendieuses.

A Panama, c'est de ports très-éloignés qu'il faut amener le combustible, tandis qu'il abonde dans la baie de Fonseca. Une dernière considération qui a aussi son importance : les pluies sont bien plus fréquentes dans l'est de l'isthme de Panama que dans le Honduras, où le climat permet de cultiver, sur les parties élevées, les arbres et les fruits d'Europe.

2° *L'élévation.* — Au premier abord, elle peut donner des inquiétudes ; mais il ne faut pas oublier que la plus forte pente est de 1 sur 88, et cela, seulement sur une très-petite étendue, dans une contrée où la glace et la neige sont inconnues ; il existe sur plusieurs lignes d'Europe et d'Amérique des pentes beaucoup plus fortes, et en somme celles du Honduras sont remarquablement aisées. De plus, la situation du pays est très-favorable, la ligne courant dans le sens des vallées, près des rivières, sans qu'il y ait à pratiquer de passage qui soit vraiment de quelque importance ; à cet égard, ce sera donc une ligne à *bon marché.*

A ces avantages, il faut ajouter que tous les matériaux nécessaires à la construction se trouvent à proximité de la voie, de même que les ouvriers qui devront y être employés.

L'auteur rappelle ensuite une brochure publiée par lui sous le titre de *Considérations on the Isthmus of Central-America in* 1851 *and* 1853, dans laquelle, passant en revue toutes les routes qui traversent l'Amérique centrale, il arrive à cette conclusion que la ligne récemment proposée à travers le Honduras présente, à ses yeux, des avantages beaucoup plus considérables que n'en peut offrir toute autre ligne ferrée à travers l'isthme.

Il n'est pas d'une minime importance que cette route du Honduras se trouve patronnée par une autorité aussi compétente et aussi pratique que celle de M. Squier, qui, étant sur les lieux en qualité de chargé d'affaire des États-Unis près des républiques de l'Amérique centrale, s'est trouvé dans la meilleure situation pour recueillir toutes les informations sur ce sujet. Les connaissances qu'il a acquises de cette manière ont engagé M. Squier à se procurer un plan exact d'une ligne traversant le Honduras et il est maintenant si satisfait du résultat obtenu qu'il consacre tout son temps et toutes ses ressources à faire avancer cette grande entreprise. — M. Kelley, citoyen des Etats-Unis, actuellement à Londres, qui a fait exécuter à ses frais (£ 12,000) le plan d'une partie de l'isthme dans le but d'entreprendre un canal maritime, m'informe que la ligne du Honduras est maintenant considérée par les Américains comme devant probablement devenir plus rémunérative que la ligne de Panama elle-même.

Signé : Rob. Fitz-Roy.

Ministère du commerce. Londres, 13 mai 1856

Vienne, le 17 août 1856.

Monsieur Herran, ministre du Honduras.

MONSIEUR,

Vous m'avez fait l'honneur de me demander, dans votre lettre du 8 courant, quelques renseignements concernant la République du Honduras, que j'ai examinée et parcourue dans tous les sens pendant les voyages que j'ai faits dans l'Amérique centrale, sous les auspices de l'Académie impériale et royale de Vienne; je m'empresse de satisfaire, de mon mieux, à vos désirs par les lignes suivantes :

La question principale que vous m'avez posée est relative à la possibilité de construire, sur le territoire du Honduras, un chemin de fer partant de Puerto-Caballos, sur l'Atlantique, et aboutissant au golfe de Fonseca, sur le Pacifique?

En réponse à cette question, je suis heureux de vous faire connaître qu'ayant visité la plus grande partie du pays que le tracé du chemin de fer projeté doit traverser, j'ai acquis la conviction que l'exécution de cette ligne ne rencontrera aucun obstacle invincible; elle présentera même beaucoup moins de difficultés qu'on ne le suppose : en jetant un premier coup d'œil sur la carte du Honduras et sur le système montagneux du pays, le voyageur qui traverse cette contrée et qui l'envisage de près aura bientôt acquis la certitude que les vallées immenses de la rivière Ulua (se jetant dans l'Atlantique) et de la rivière du Goascoran (coulant dans le Pacifinue) offrent toute facilité pour l'exécution du chemin de fer projeté, et que la ligne, d'une longueur de 210 milles anglais, ne s'élève sur aucun point à plus de 2,400 pieds au-dessus du Pacifique. Les savantes études qui ont été publiées à ce sujet par M. Squier, ancien chargé d'affaires des États-Unis, auprès du gouvernement de l'Amérique centrale et que vous connaissez sans doute, ainsi que le rapport fait récemment par le célèbre capitaine Robert Fistz-Roy au ministère des affaires étrangères à Londres, me dispensent d'entrer ici dans de plus amples détails, et je me bornerai à vous dire que pendant mon voyage j'ai eu plusieurs fois l'occasion de vérifier l'exactitude des travaux ci-dessus mentionnés.

Du Mexique à la Nouvelle-Grenade, il n'y a pas un point dont la position géographique soit plus favorable à la construction d'un chemin de fer que l'isthme de Honduras, tant pour le passage des voyageurs que pour le transport des marchandises et des lettres entre la Californie et les immenses territoires de l'Asie occidentale.

Les ports qui formeront les points de départ de cette voie ferrée réunissent toutes les conditions favorables à la réalisation de cette grande entreprise, principalement celui de Fonseca, sur le Pacifique, qui peut être considéré comme le plus vaste et le plus sûr de toute la côte occidentale. Toutes les flottes marchandes du monde peuvent se réunir dans ce vaste bassin, et y échanger les richesses naturelles des tropiques contre les produits manufacturiers de la civilisation européenne.

Les nombreuses ressources matérielles du Honduras contribuent à faciliter l'établissement du chemin de fer ; des forêts qui s'étendent à perte de vue fournissent en abondance le bois nécessaire à la construction de la voie; des rivières navigables, pendant la saison des pluies, sur des parcours considérables, servent au transport du matériel et des produits du sol. Mais ce qui donne encore plus d'importance aux plateaux du Honduras, c'est, à part leur fertilité et leur printemps perpétuel, *la salubrité de leur climat*, qui permet aux colons du Nord de les cultiver sans exposer leur santé.

J'ai visité la plus grande partie de l'Amérique du Nord, depuis le Canada et le lac Supérieur jusqu'à la Louisiane, et je n'ai rencontré aucun territoire qui, à une hauteur de 3,000 pieds au-dessus du niveau de la mer, offrît à l'agriculteur les mêmes avantages que les plateaux de l'Amérique centrale. Des observations météorologiques, que j'ai faites pendant deux ans dans les différentes parties du pays et dont je me propose de publier les résultats prochainement, il résulte que, sur les hauteurs de 3,000 pieds, le thermomètre de Fahrenheit n'est tombé que très-rarement au-dessous de 60°, et ne s'est élevé guère au-dessus de 82°; la température moyenne est donc de 69 à 75° Fahrenheit.

Le sol du Honduras est, à peu d'exceptions près, d'une telle fertilité que, sans avoir besoin d'être engraissé, il donne de deux à trois récoltes par an. Les produits de la zone torride, le café, la canne à sucre, le cacao, le coton, le tabac, le riz, le bananier, le maïs, la zuca, la yanc, la patate, etc., y viennent en abondance. On peut y cultiver avec le même succès le blé, l'orge, l'avoine, le seigle et toutes sortes de fruits et de plantes nutritives d'Europe. Un climat délicieux permet à l'émigrant de travailler toute l'année, et, avec moins d'efforts, de gagner dix fois plus que dans nos contrées. Dans plusieurs endroits de l'État, on rencontre des mines d'argent, d'or, de plomb, de cuivre et même de fer qui ne sont pas exploitées, faute d'argent et d'ouvriers capables.

Les plateaux du Honduras, ainsi que ceux de l'Amérique centrale en général, nous fournissent la preuve que la société peut jouir des différents produits des tropiques devenus si indispensables à la civilisation, comme, par exemple, le coton, le sucre, le café, sans être obligée de recourir à l'abominable institution de l'esclavage; en effet, tous ces produits peuvent être cultivés par des hommes libres, par des colons européens, sans le moindre inconvénient pour leur santé et sans le moindre risque pour leur vie.

Je m'étendrais trop loin, si je voulais énumérer les nombreux avantages que les capitaux engagés, que l'émigration, que l'industrie, le commerce et même les sciences pourraient tirer de ces admirables territoires de l'isthme, en les ouvrant, par le moyen d'un chemin de fer, au concours universel. En offrant ces plateaux pittoresques et fertiles, mais solitaires, à l'émigration étrangère, le Honduras recevrait en échange tous les immenses trésors que la civilisation européenne a su amasser depuis des siècles.

Comme vous m'avez exprimé le désir de publier ces lignes (ce à quoi je vous autorise volontiers dans l'intérêt de l'entreprise), je suis forcé de resserrer dans un cadre très-restreint le tableau du pays, sur l'importance duquel j'aurais encore à vous communiquer mille détails intéressants; mais vous trouverez tout ce que je pourrais vous dire à ce sujet dans mon ouvrage sur les États du Nicaragua, du Honduras et du Salvador, qui paraît en ce moment à Brunswick; je me résume donc ici en deux mots :

Il n'y a guère, dans le nouveau continent, de pays qui ait, à mon avis, un plus grand avenir et qui présente en même temps des avantages plus réels à la colonisation, à l'industrie et au commerce européens que les États qui forment l'Amérique centrale. Situés entre les deux plus grands océans du monde, ils sont les intermédiaires forcés de tout le commerce qui se fait entre l'Europe, les États-Unis, la Chine, le Japon, l'Australie et les Indes orientales.

Enfin, l'établissement d'un chemin de fer à travers l'isthme du Honduras ne peut manquer d'attirer une quantité considérable de colons européens vers ces contrées saines et fertiles. Aussi, ceux qui auront, soit par leurs capitaux, soit par leur influence, contribué à peupler et à défricher ces vastes solitudes, auront non-seulement rendu un immense service à l'humanité, mais ils auront encore participé à une excellente spéculation.

Veuillez agréer, Monsieur, l'assurance du profond respect avec lequel j'ai l'honneur d'être votre tout dévoué.

Signé : Dr CART. SCHERZER.

Extrait du Rapport du colonel Edward Stanton au gouvernement de Sa Majesté.

Le golfe de Fonseca n'a subi que de très-légers changements depuis qu'il a été examiné par M. Edward Belcher et le rapport de celui-ci me paraît généralement exact.

Le lieutenant Jeffers, qui dernièrement a fait un travail très-complet sur les eaux du golfe, a mis, de la manière la plus gracieuse, le résultat de ses recherches à ma disposition, et m'a prêté, pendant toute la durée de mes opérations, le concours le plus utile. — Je commençai par relever la position de tous les points importants des différentes îles qui sont en tête du golfe, et en même temps je traçai des lignes de sondage à travers le chenal. Voyant que ces lignes coïncidaient exactement avec celles du lieutenant Jeffers, je crus inutile de pousser plus loin la vérification de cette partie.

Le golfe de Fonseca offre plusieurs bonnes rades qui pourraient servir de points d'embarquement pour le chemin de fer inter-océanique. Le climat des côtes, quoique chaud, est cependant tolérable et sain, et, à l'exception des fièvres qui n'offrent pas un caractère dangereux, les cas de maladie y sont très-rares.

L'île de Sacate Grande me paraît réunir toutes les conditions nécessaires à l'établissement d'un embarcadère. La profondeur de l'eau, à quelques pieds du rivage, est suffisante pour les grands steamers; l'ancrage est bon et parfaitement protégé contre les coups de mer; enfin, un chenal dans lequel il n'y a jamais moins de 63 pieds d'eau, même au moment des plus basses marées, conduit directement de la terre au milieu de la baie en passant à travers le groupe des îles. On peut à Sacate Grande se procurer de l'eau douce en qualité suffisante pour satisfaire à tous les besoins d'un grand établissement.

On pourrait également placer l'embarcadère et les entrepôts dans l'île de Garova, mais elle est plus petite et moins favorablement située que celle de Sacate Grande. Elle est en outre éloignée de la terre d'une distance de deux milles, ce qui nécessiterait la construction d'une jetée.

Il est très-probable qu'on trouverait aussi sur la côte même une bonne position pour y établir une gare convenable ; mais, comme le tracé de la ligne n'est pas encore fait jusque-là, je pense qu'il vaut mieux, quant à présent, différer mes explorations de ce côté.

Signé : STANTON.

CHAPITRE VII

Conclusions

La république du Honduras, on le sait, n'a pas de dettes; son premier emprunt, d'une part, et celui contracté à l'heure présente ont pour but unique et spécial la construction du chemin de fer et la mise en valeur des immenses biens domaniaux de l'Etat.

Nous venons de donner les rapports des ingénieurs; disons encore un mot des facilités d'une main-d'œuvre qui paraîtra étrange en Europe.

Ici, notons-le bien, c'est l'État qui est propriétaire; terrains, douanes, population sobre, laborieuse et intelligente, tout sera dans des conditions d'un bon marché sans égal.

La maison Waring frères, de Londres, et M. Mac Candlish ont fait étudier l'affaire. Après un examen approfondi de la question, ils se sont chargés de construire la voie au prix de 125,000 francs le kilomètre, à forfait, matériel compris.

Les travaux d'art, on le sait, seront peu considérables ; le marbre, le grès, le granit et les bois de toutes natures se trouvent en abondance sur le parcours. Il sera facile de faire sur nos prix d'Europe de notables réductions.

D'ailleurs le gouvernement de S. Exc. le président Médina pourra disposer en tout temps de plusieurs milliers de Caraïbes robustes et adroits. Ces hommes, habitués à couper l'acajou et à faire les chemins qui relient l'intérieur avec les bords de la mer, sont déjà rompus aux opérations de déblai et de remblai.

Par un hasard heureux, deux fleuves, le Rio-Ulua et le Goascoran, coulent parallèlement au tracé ; à l'aide de ces voies fluviales dont l'une, l'Ulua, est navigable jusques à 80 kilomètres de son embouchure, il sera facile aux ingénieurs de faire transporter les machines et les matériaux à une grande distance ; ainsi, le travail pourra être commencé sur plusieurs points à la fois, et les arbres et les minéraux, dont la vente ou l'exploitation pourraient être utiles, seront transportés sans frais, et comme fret de retour, au port d'embarquement.

Les pionniers de la grande œuvre interocéanique trouveront, sur leur chemin, la salsepareille, le copal, le caoutchouc, la gomme arabique, le sang-dragon, la vanille, le bois du Brésil, le baume, le quinine.

Quant au bétail, il est par troupeaux immenses, et, en attendant qu'il soit une riche source d'exportation, il pourvoira largement, avec le manioc, le bananier, le cocotier et le palmier, à la nourriture de l'armée d'ouvriers que le Gouvernement a déjà commencé à recruter.

Dans le but de se procurer les fonds nécessaires à l'entreprise, le gouvernement de S. Exc. le général Médina a contracté, par les soins de MM. Bischoffsheim et Glodschmidt, de Londres, un premier emprunt de 25 millions de francs.

Cette somme, destinée à la première section du chemin, est déjà productive, grâce aux coupes d'acajou et aux extractions de métaux précieux commencées par les ingénieurs de la maison.

C'est ce qui explique la faveur des fonds du Honduras à

la Bourse de Londres, où ils ont été émis. La cote anglaise constate qu'on doit payer une prime importante (5 à 6 0/0) pour s'en procurer.

MM. Dreyfus, Scheyer et Cie ont fait un contrat pour la deuxième émission, représentant le capital nécessaire pour la construction des deux dernières sections et le service des intérêts et de l'amortissement pendant la construction.

Cette deuxième émission d'obligations du Gouvernement se compose de 207,509 obligations au porteur, de 300 francs chacune, remboursables au pair par tirages semestriels en dix-sept ans, et rapportant 20 francs d'intérêt, payables dans toutes les places importantes de l'Europe.

Les conditions avantageuses d'émission, le concours des grandes maisons de banque et établissements de crédit, que MM. Dreyfus, Scheyer et Cie ont réussi à obtenir pour cette affaire, sont pour nous une garantie certaine du succès. L'obligation de Honduras deviendra une des valeurs préférées en France, comme l'action de Panama, produisant des dividendes de 40 à 50 0/0, est devenue la valeur par excellence de l'Amérique. Le titre de jouissance, que le Gouvernement de Honduras délivrera après remboursement à chaque porteur d'obligation sortie au tirage, produira un revenu que les ingénieurs évaluent à 50 francs par an. Nous désirons que ce chiffre devienne une réalité et soit même dépassé; le capital européen aura sa juste rémunération pour avoir aidé à une œuvre grandiose et utile à l'univers entier.

Car au Honduras, un pied de café coûte environ 1 fr. 50 c. pour arriver à sa maturité; il donne un produit annuel d'environ 3 francs.

L'indigo pousse sur un terrain presque en friche, et ce

précieux textile, semé à la volée, donne au bout de quatre mois un produit qui se vend environ une piastre la livre.

Le Honduras, déjà si largement entré dans le concert de la civilisation, envoie en Prusse un ministre dont le nom est le symbole de l'honneur et de la probité; à la voix du comte de Lindemann, les émigrants comprendront leurs vrais intérêts; au lieu de se diriger sur les États-Unis, ils iront au Honduras.

Là ils trouveront une population aux mœurs douces, à l'accueil cordial et affectueux; le général Médina fait aux colons d'immenses avantages. La légation de Berlin saura, nous en sommes sûrs, en faire profiter les Allemands.

Le Honduras est un pays libre. Les cultes, quels qu'ils soient, y sont respectés; quant à la vraie et solide indépendance, qui n'existe que de nom dans bien des républiques, elle est symbolisée au Honduras par sa vraie forme démocratique.

Hâtons-nous de le dire, Médina est libéral, sage et modéré; il n'a jamais cherché à s'imposer par la force, comme Guzman au Nicaragua; il ne s'appuie que sur la volonté nationale.

D'ailleurs, disons-le hautement, le parti rétrograde appelé avec raison *servile*, ce parti qui a si souvent couvert de ruines et de sang l'Amérique centrale, n'a jamais pu s'implanter au Honduras.

Le sol généreux de cette république aurait refusé de porter les hommes qui, n'écoutant que leur égoïsme ou une vanité furibonde, oublient que Dieu nous a créés à son image pour vivre dans la plus complète égalité.

Espérons cette fois que l'Europe comprendra ses intérêts, qu'elle ne sera pas sourde à l'appel qui lui est fait; il y va de son avenir commercial. Si elle ne prend pas ses précautions à l'heure actelle, si la seule voie qui nous est ouverte sur le Pacifique nous échappe, un amer repentir, suivi de la ruine certaine de notre exportation, lui fera chèrement expier son indifférence ou son erreur.

Le tracé par le Honduras, avec la neutralité garantie par la France, l'Angleterre et les Etats-Unis, aura pour le vieux monde des conséquences incalculables.

Dans l'état actuel des choses, les Américains ont le brutal monopole de Panama ; le transit est à eux ; le pays est à eux, grâce à un bail emphytéotique qui constitue une véritable possession. Ce monopole ne leur suffit pas ; ils cherchent encore à s'implanter au Nicaragua, au Costa-Rica ; leur avidité s'étend même jusqu'à Tehuantepec.

Les chemins sont à eux, des tarifs différentiels minent et empêchent toute concurrence, aussi notre exportation languit en attendant qu'elle agonise.

Le transit libre par le Honduras rétablit l'égalité, nos marchandises pourront, grâce à un taux uniforme, pénétrer dans le Pacifique et s'introduire sur des marchés où la lutte est actuellement impossible.

Panama, la ville au sol aride, au climat brûlant, aux fièvres funestes, ne sera plus le passage terrible où les dangers de toute espèce se joignaient à l'extorsion inhospitalière de la spéculation.

Nous avons plusieurs fois franchi l'isthme et séjourné à Panama.

Rade foraine, embarquement difficile, prix exagérés de transit, climat brûlant, tout semblait se réunir pour accabler le malheureux Européen.

Par le Honduras nous éviterons les longueurs du voyage, les difficultés d'un transbordement toujours dangereux à Panama, et aussi les effroyables ouragans de la mer Caraïbe.

Les flots resserrés entre le Darien et les Antilles sont presque toujours d'une inquiétude fougueuse; agitée par le moindre vent, la houle se change en tempête, la tempête en trombe impitoyable qui provoque les grands cataclysmes, et fait d'une ville florissante, comme Saint-Thomas, une vaste nécropole.

Au Honduras, au contraire, ports excellents, climat salubre, transit facile, économie, tout se trouve réuni dans le nouveau tracé.

La voie interocéanique est une entreprise, non-seulement lucrative, mais encore humanitaire et internationale. La France, isolée en cas de guerre dans le Pacifique, pourra communiquer en tout temps avec ses fils éloignés d'elle: ses marchandises libres des extorsions de Panama viendront lutter sur les marchés américains, de San Francisco à Valparaiso.

La libre Angleterre, aujourd'hui tributaire de son ancienne colonie, la Belgique, la Hollande, la Suisse prendront, elles aussi, la part qui leur est due dans le grand mouvement mercantile du globe.

Que dirons-nous des races germaines que le canon de Sadowa a si puissamment et si fortement unies? N'ont-elles pas tout intérêt à se libérer des lourds tributs qu'elles payent aujourd'hui?

Le libre-échange a reculé les barrières posées par une féodalité brutale; les mers sont ouvertes et un chemin neutre et international va être créé.

Est-ce aux Etats-Unis, où, pendant quatre longues années, la race germaine a payé l'impôt du sang, que le cultivateur allemand trouvera le coton, le café, l'indigo, la cochenille, la salsepareille, les fruits et les plantes des tropiques?

Est-ce aux Etats-Unis, dans les seuls territoires exposés aux terribles excursions des Cheyennes, des Cherokees et des Apaches, que l'émigrant trouvera la canne à sucre et le cacao?

Non, l'heure est venue pour les peuples d'Europe de comprendre enfin leurs véritables intérêts. Comme La Plata, les Etats de l'Amérique centrale doivent espérer de voir enfin le courant européen peupler leurs riches et délicieuses solitudes.

En terminant, rendons un juste et légitime hommage aux hommes d'élite qui ont, bien avant nous, fait connaître à l'Europe l'Amérique centrale.

Colomb, Cortès, Alvarado ont ébauché la grande œuvre.

Nelson, Humboldt, le prince Louis-Napoléon l'ont examinée et fait connaître.

Le savant M. G. Squier, le grand Hispano-Américain, Léon Alvarado, l'infatigable Victor Herran en ont démontré l'utilité, et, avec nos amis, le comte de Bustelfi Foscolo, le vicomte Charles de Lindemann, Henry de Suckau et d'autres, nous avons apporté notre modeste pierre à la grande question de la voie plus encore internationale qu'interocéanique.

IMPRIMERIE CENTRALE DES CHEMINS DE FER. — A. CHAIX ET Cᵉ, RUE BERGÈRE, 20, A PARIS. — 7108-9

Contraste insuffisant

NF Z 43-120-14

www.ingramcontent.com/pod-product-compliance
Ingram Content Group UK Ltd.
Pitfield, Milton Keynes, MK11 3LW, UK
UKHW021228230726
13926UKWH00003B/1298